AF205240

Lucas Lambert

Körpersprache Mensch

Körpersprache Mensch

Menschen lesen wie ein Geheimagent und nonverbale Kommunikation verstehen, um Lügen im Alltag und Beruf zu erkennen und zu durchschauen

2.Auflage 2018

© Lucas Lambert

Impressum

© Lucas Lambert / 2. Auflage 2018
Coverfoto: depositphotos.com
Umschlaggestaltung: Andrei Matinkin
Herstellung und Verlag: BoD – Books on Demand, Norderstedt

Bibliografische Information der Deutschen Nationalbibliothek:

Die Deutsche Nationalbibliothek verzeichnet diese Publikation in der
Deutschen Nationalbibliografie; detaillierte bibliografische Daten
sind im Internet über http://dnb.dnb.de abrufbar.

ISBN: 9783744886055

Inhalt

Einleitung 1

Das Modell von Wohlbefinden und Unwohlsein 8

Die Basics nonverbaler Kommunikation 12

Aspekte der nonverbalen Kommunikation – Visuelle Einschätzung..*13*

Der Clou mit der Körpersprache..............................*15*

Das äußere Erscheinungsbild...................................*17*

Sprache *18*

Dein Verhalten...*21*

Der individuelle Charakter......................................*22*

Wenn der Körper spricht 24

Gefühle und Emotionen *25*

Haltung..*26*

Stehen...*27*

Gehen...*30*

Sitzen..*34*

Beine und Füße...*38*

Rumpf...*41*

Hals..*44*

Kopf *46*

Arme, Hände und Finger *60*

Nonverbale Kommunikation im Job **79**

Der erste Augenblick *79*

Die Begrüßung *80*

Die verschiedenen Handreichungen *82*

Vorstellungsgespräch *87*

Sitzordnung *91*

Aktivieren Sie Ihr nonverbales Radar *93*

Gespräche im Grenzbereich *96*

Kommunikation der Kleidung **100**

Angemessene Kleidung *103*

Schmuck *104*

Schuhe *105*

Flirten ohne Worte **107**

Lügen erkennen **113**

Indikatoren für Angst *115*

Methoden, um Lügen zu entlarven *118*

Wirken Sie, wie Sie es wünschen **120**

Die Macht der Vorbilder *121*

Die Methode *125*

Tipps zur Verwirklichung Ihrer gewünschten Eigenschaften..*127*

Der ultimative 6-Wochen-Trainingsplan 128

Schlusswort 164

Einleitung

Stellen Sie sich einmal vor, Sie besäßen die Fähigkeit, Menschen zu »lesen« und ihre Körpersprache mit Leichtigkeit zu deuten. Stellen Sie sich vor, Sie wüssten, was Ihr Gegenüber denkt, fühlt oder plant. Malen Sie sich aus, wie gelassen und selbstbewusst Sie sich in diesem Wissen fühlen würden: Sie besäßen die Fähigkeit, Menschen von Grund auf zu verstehen. Sie wären in der Lage, Probleme und Konflikte schon im Voraus zu umgehen und Situationen in Ihrem Interesse zu beeinflussen.

Durch diese Fähigkeit wären Sie in der Lage, Lügen schon von Weitem zu erkennen. Stellen Sie sich zudem vor, Sie könnten mehr Selbstvertrauen, Kompetenz und Attraktivität ausstrahlen und somit Ihre Wirkung auf andere verbessern. In diesem Buch geht es um nichts Geringeres als die Fähigkeit, Menschen und ihre nonverbale Kommunikation vollkommen zu durchschauen und Ihre eigene Wirkung auf andere Menschen zu verbessern. In nahezu allen Lebensbereichen sind wir mit anderen Menschen konfrontiert. Überall kommen wir mit Menschen in Kontakt und tauschen dabei Informationen aus. Nicht immer sind das Informationen und Botschaften, die wir wirklich aussenden wollen. Meist sind wir uns dessen gar nicht bewusst, was wir ausstrahlen und wie wir auf andere wirken. Der erste Schritt zum

Erlernen dieser Fähigkeit beginnt mit dem Schärfen unserer Beobachtungsgabe. Sobald wir andere Menschen genau beobachten und – noch viel wichtiger – eine exakte Beurteilung des Beobachteten erzielen können, steht uns der Weg frei, uns und unsere Wirkung auf andere zu verbessern und nach unseren Wünschen zu gestalten.

Wir alle besitzen zum Glück von Natur aus die Fähigkeit, andere Menschen einzuschätzen und zu beeinflussen. Diese natürliche Gabe hilft uns zu überleben. Doch in unserer modernen, komplexen und hochtechnisierten Welt genügt es uns in den seltensten Fällen, einfach nur zu überleben: Wir wollen das Beste aus unserem Leben machen! Dieser Ratgeber vermittelt Ihnen im Bereich der Körpersprache das nötige Wissen, wie Sie aus Ihrer bereits vorhandenen Fähigkeit eine wundervolle Gabe erschaffen, mit der Sie Ihre Lebensqualität um ein Vielfaches steigern können.

Bei dieser wundervollen Gabe handelt es sich um eine ganz spezielle Intelligenz: Es ist die Kraft der nonverbalen Intelligenz. Die ganze Welt verständigt sich über die mündliche Kommunikation hinaus auch auf nonverbale Weise. Wo auch immer Sie sich umsehen: Überall ist dieses nonverbale Verhalten zu beobachten. Jeder von uns kommuniziert über viele Kanäle mit der Außenwelt und den Mitmenschen. Schon unsere Mimik ist so vielseitig und facettenreich, dass alleine über dieses Thema eine ganze Abhandlung geschrieben werden könnte. Auch unsere Gestik spielt eine wichtige Rolle, die ebenfalls sehr ausschlaggebend für das „Lesen" von Menschen ist. Die Art, wie wir sprechen, der Gang, mit dem wir uns bewegen, die Orte, an denen wir uns aufhalten, und auch die materiellen Güter, die wir besitzen, sind alles Funktionalitäten der Kommunikation.

Die Meisterschaft der nonverbalen Kommunikation ermöglicht uns, diese universale Sprache fließend zu sprechen und zudem genau und exakt zu deuten. Mit dieser Kunst verhält es sich wie mit dem Smartphone: Es ist eine hochkomplexe und leistungsfähige Form der Kommunikation, von der wir am Ende doch nur fünf Prozent der Möglichkeiten ausschöpfen. Doch wie bei jedem Smartphone muss auch hier die nonverbale Intelligenz aktiviert, ausgeführt und gelegentlich ein neues Update erstellt werden. Zudem ist es nützlich, sich die „Apps", die Ihren individuellen Bedürfnissen entsprechen, auf Ihr „Smartphone" zu laden und regelmäßig zu nutzen. Sie ziehen sich schließlich auch keine Badehose an, wenn Sie zu einem Vorstellungsgespräch gehen (mit Ausnahme vielleicht bei Stellenangeboten für Bademeister und Rettungsschwimmer). Denselben untauglichen Effekt können Sie evozieren, wenn Sie in einer Gehaltsverhandlung Körpersprache-Techniken verwenden, die sich z. B. super im Verführen von Frauen eignen. Ihr Gegenüber könnte etwas irritiert reagieren, wenn Sie anfangen, Ihren Kopf zur Seite zu neigen, die Augen weit zu öffnen und womöglich noch Ihre Lippen mit der Zunge zu befeuchten.

Die »Farben« der nonverbalen Verhaltensweisen

So wie bei den sogenannten Komplementärfarben, die miteinander gemischt Weiß ergeben, verhält es sich auch mit der »Farbe« des *nonverbalen Verhaltens* und ihren unendlich facettenreichen Farbspektren. Die meisten unter uns haben schon Klassiker gehört wie: „Verschränkte Arme sind ein klares Anzeichen für eine Abwehrhaltung" oder „Wenn eine Person nach links blickt, dann lügt sie". Doch Ihr gesunder Menschenverstand und Ihr Gefühl sagen Ihnen schon jetzt, dass diese Tatsachen nicht in jedem Fall zutreffen. Aussagen wie die vorangegangenen benutzen meist Laien, um kompetent zu wirken. Wirkliche Profis schmunzeln meist nur, wenn sie irgendwo solche Phrasen aufschnappen. Es ist nicht so, dass überhaupt kein Wahrheitsgehalt in diesen Aussagen steckt. Meist liegt der Fehler darin, dass nur ein Punkt bedacht wird und nicht mehrere gemeinsam betrachtet werden. Wie oft haben Sie selbst schon die Arme verschränkt gehalten und könnten heute bestätigen, dass Sie in diesem Moment nicht in „Abwehrhaltung oder Ablehnung" gegangen sind? Manchmal sind diese Körperhaltungen auch einfach nur bequem. Die Facetten der Körpersprache reichen jedoch deutlich weiter als über verschränkte Arme hinaus. Wir werden seit der Kindheit mit Bildern, Emblemen, Symbolen, Handlungen und Verhaltensweisen konfrontiert, die Gedanken, Botschaften und auch Gefühle auf nonverbale Weise übermitteln. Wir selbst verwenden den ganzen Tag Körpersprache, um Aufmerksamkeit auf uns zu ziehen, unsere Meinung kundzutun und Aussagen Nachdruck zu verleihen, welche sich durch verbale Kommunikation nur schwer oder überhaupt nicht vermitteln lassen.

Selbst im Bereich der verbalen Kommunikation verwenden wir durchgehend über das rein Wörtliche hinausgehende Muster in Form von Tonfall, Klangmelodie, Lautstärke, Sprechdauer und Sprechpausen. Ebenso wichtig ist die Umgebung, in der wir uns befinden. Im Geschäftsleben spielt dies eine besondere Rolle. Wie sehen das Firmengebäude, das Logo, die Kunstobjekte in der Firmenlounge und die Dekoration aus? Auch Farben haben einen wichtigen Signalcharakter. Selbst scheinbar unwichtige Details – wie die Lage des Gebäudes und ob das Personal am Empfang sitzt oder steht – sind für eine Gesamtbeurteilung oftmals von wesentlicher Bedeutung. Auf persönlicher Ebene wissen wir, dass unsere Bewegungen und Haltungen, unsere Mimik sowie unsere Kleidung maßgeblich dazu beitragen, wie wir wahrgenommen werden. Aber auch Piercings und Tätowierungen, die wir zur Schau stellen, senden nonverbale Signale an unsere Mitmenschen aus. Wie Sie sehen, gibt es eine Vielzahl an Ausdrucksmöglichkeiten und nonverbalen Signalen, die Sie Ihrem Gegenüber vermitteln können.

Doch bevor Sie jetzt ungewollt anfangen, darüber zu grübeln, welchen Eindruck Sie auf andere machen, lassen Sie mich zu Ihrer Orientierung Folgendes hinzufügen: Überall auf der Welt werden gewisse Verhaltensweisen, Kleidungsstile, Tattoos und Bewegungen jeweils anders gedeutet. Was Sie in Deutschland gängig als „selbstbewusst" beobachten und betiteln, wird in anderen Kulturen gegebenenfalls völlig abweichend bewertet. Das heißt jetzt natürlich nicht, dass Sie auf direktem Weg ins Ausland ziehen sollen, falls Sie hierzulande niemand als selbstbewusst wahrnimmt. Es soll Ihnen lediglich aufzeigen, dass die Dinge an und für sich nicht absolut sind. In unserer westlichen Welt werden Sie jedoch auf Gleichgesinnte stoßen, die ein ähnliches Weltbild haben. Dies ermöglicht es Ihnen, eine Eigenschaft als das zu erkennen, was sie ist oder sie selbst bewusst zum Ausdruck zu bringen.

Klasse schlägt Masse

Seit vielen Jahren beschäftige ich mich mit der Kunst der nonverbalen Kommunikation und ich bin immer noch voller Ehrfurcht über dieses alles durchdringende

Element. Kein Tag im Leben einer Person verläuft ohne nonverbale Kommunikation. Ich habe miterlebt, wie anständige und ehrliche Menschen beruflich scheiterten, weil ihnen im entscheidenden Moment ein nonverbales Signal entging. Genauso durfte ich Zeuge von Ereignissen werden, wie Menschen durch die Fähigkeit ihrer nonverbalen Kommunikation grenzenlose Erfolge einfuhren. Es hängt also unglaublich viel von unserer Fähigkeit ab, die Art der Kommunikation gezielt für unsere Interessen und Anliegen arbeiten zu lassen.

Nonverbale Signale werden überall auf der Welt verstanden, doch nur wenige, meist sehr erfolgreiche Menschen nutzen sie auch bewusst für ihre Zwecke. Diese Techniken wirken auf subtilste Weise und bringen überragende Resultate mit sich. Sie sind oft so unspektakulär wie ein Blinzeln, doch in der Lage, Beziehungen in jedweder Form zu verbessern. Setzen wir diese Signale richtig ein, bringen sie unsere Handlungen, Gedanken und Ziele zusammen und bewirken nicht selten Wunder. Möge es Ihnen gelingen, durch das Erlernen der Techniken auch in Ihrem beruflichen und privaten Bereich Wunder zu bewirken!

Das Modell von Wohlbefinden und Unwohlsein

Im Verlauf einer jahrelangen Tätigkeit im Bereich Körpersprache und nonverbaler Kommunikation habe ich unzählige populäre Bücher und Fachliteratur über dieses Thema gelesen. Vieles, das ich las, ging sehr ins Detail und umfasste die verschiedensten Aspekte: angefangen bei physiologischen Gesichtspunkten, weiter über die Gefühle und Emotionen bis hin zu psychologischen Aspekten. Da ich Ihnen all das Wesentliche aus dem Thema herausfiltern und Ihnen quasi die Essenz all dieser Erkenntnisse liefern möchte, habe ich das Modell von »Wohlbefinden und Unwohlsein« entwickelt. Dieses Konzept erleichtert Ihnen, Situationen und Menschen zu durchschauen und einzuordnen. Anhand von zwei einfachen Kriterien können Sie Ihr Gegenüber durchschauen: Fühlt sich Ihr Gegenüber *wohl* oder *unwohl*? Es spielt keine Rolle, ob Sie dieses Konzept in Ihrer Partnerschaft oder im beruflichen Kontext anwenden. In allen Fällen werden Sie allein dadurch Ihre Kommunikation und Ihre zwischenmenschlichen Beziehungen auf ein neues Level heben. Unser Gehirn arbeitet gerne mit Gegensatzpaaren, wenn es ums Überleben geht. Das plötzliche Auftreten einer Gefahr wird unmittelbar verarbeitet: Ist es eine Bedrohung oder nicht? Im Alltag sind wir zum Glück selten mit solchen Extremen konfrontiert. Wir alle ordnen Menschen im

Bruchteil einer Sekunde in zwei Kategorien ein: *Freund* oder *Feind*. Insbesondere läuft dieses Scanning beim ersten Blickkontakt mit einer fremden Person ab. Um Ihnen den Einstieg zu erleichtern, gebe ich Ihnen eine kleine Liste an die Hand, die bekannte Gegensatzpaare darstellt.

<u>Zeichen von Wohlbefinden und Unbehagen:</u>

- Geduld – Ungeduld
- Freude – Verärgerung
- Gelassenheit – Nervosität
- Nähe – Distanz
- Zuversicht – Zweifel
- Konzentration – Zerstreutheit
- Freundlichkeit – Unfreundlichkeit
- Fröhlichkeit – Trauer
- Gleichmut – Gereiztheit
- Vertrauen – Misstrauen
- Wärme – Kälte
- Offenheit – Verschlossenheit

Es ist wirklich interessant, wie viele Emotionen und Verhaltensweisen sich einer der beiden Kategorien zuordnen lassen. Machen Sie ruhig Ihre eigene Liste und erweitern Sie die oben aufgeführten Gegensatzpaare um Ihre selbst erstellten Punkte. Dies ist eine sehr effiziente

Vorgehensweise und stärkt Ihr Beurteilungsvermögen immens. Um die Fähigkeiten des »Lesens« zu verbessern, empfehle ich: Suchen Sie sich an einem Tag ein bestimmtes Gegensatzpaar aus und beobachten Sie diesbezüglich Ihr Umfeld. Welche Personen zeigen Anzeichen für Wohlbefinden oder Unwohlsein?

Wie hilft Ihnen dieses Wissen nun weiter, Ihr persönliches Leben zu verbessern, Ihre Mitarbeiterführung zu stärken, einen erfolgreichen Geschäftskunden für sich zu gewinnen oder die Liebe Ihres Lebens kennen zu lernen? Sie werden mir sicher zustimmen, wenn ich behaupte, dass es sinnvoll ist, bei allen zwischenmenschlichen Interaktionen zuerst einmal eine Atmosphäre des Wohlbefindens zu schaffen. Denn in einem angenehmen Klima lässt es sich besser arbeiten oder auch flirten. Falls Sie merken, dass eine Stimmung des Unbehagens herrscht, gilt es zunächst, diese zu beseitigen. Mit anderen Worten: Stellen Sie das Wohlbefinden wieder her.

Nehmen wir ein Beispiel: Angenommen Sie befinden sich in einer angespannten beruflichen Situation und wissen einfach nicht genau, wie Sie die Signale Ihres Gegenübers deuten sollen. Stellen Sie sich in diesem Moment nur eine einzige Frage: Drückt dieses Verhalten ein Gefühl von Wohlbefinden oder ein Gefühl von Unbehagen aus? Das hilft in den meisten Fällen schon erheblich weiter. Sobald Sie für sich eine klare Antwort herausgefunden haben, können Sie anfangen, die Techniken *aktives Zuhören* und *verbales Spiegeln* zu nutzen, um eine Stimmung des Wohlbefindens zu schaffen.

Die Basics nonverbaler Kommunikation

Dank unserer Evolutionsgeschichte sind wir Menschen heute mit einem anpassungs- und leistungsfähigen Gehirn ausgestattet. Es erlaubt uns durch geistige Flexibilität und die Anwendung eines intelligenten Systems, das innerhalb eines Augenblicks über *Kampf oder Flucht* entscheidet, bewusst Entscheidungen zu treffen. Gehe ich heute einen Kaffee trinken? Schaffe ich den Termin mit Kerstin um 17 Uhr? Wir Menschen unterscheiden uns in dieser Fragestellung deutlich von Tieren. Diese stellen sich – wenn überhaupt – andere Fragen.

Es gibt jedoch auch einen Teil des Nervensystems, der unmittelbar auf Gefahren reagiert. Dieser Teil entscheidet ohne großen Zeitverlust, ob wir nun kämpfen oder fliehen sollen. Evolutionsbedingt ergibt diese Einrichtung Sinn. Die größte Chance zu überleben hatte ein Mensch, wenn er entweder gekämpft hat, geflohen oder in eine situationsspezifische Abwehrhaltung gegangen ist. Ich bin mir sicher, dass selbst großartiges Verhandlungsgeschick und Wortgewandtheit einen Säbelzahntiger vor 200.000 Jahren nicht von einem Angriff abgehalten oder dazu geführt hätte, dass er mit Ihnen stattdessen einen romantischen Spaziergang macht. Dieser Teil des Gehirns, der damals (über-) lebenswichtig war, spielt auch heute noch im alltäglichen Leben eine wichtige Rolle – speziell im Bereich der Körpersprache. Wir gehen in einem späteren Kapitel explizit darauf ein.

Aspekte der nonverbalen Kommunikation: Visuelle Einschätzung

Wie wir im vorigen Kapitel erfahren haben, ist die schnelle Reaktion auf der Grundlage der optischen Wahrnehmung eine überlebenswichtige Fähigkeit. Sie basiert darauf, Situationen schnell einzuschätzen und auf der Grundlage der empfangenen Sinneseindrücke entschlossen zu handeln sowie aus Erlebtem und Erfahrenem zu lernen und das Erlernte zu memorieren.

Beim Empfangen von Informationen unterscheiden wir zwei Bereiche: Das bewusste Wahrnehmen und das unterbewusste Wahrnehmen. Bewusst nehmen wir die attraktive Person wahr, die uns in der Fußgängerzone begegnet (und die wir – falls sie uns freundlich anlächelt – hoffentlich auf charmanteste Weise ansprechen). Bewusst unterliegen wir einer sehr eingeschränkten Verarbeitungskapazität. Es werden ca. drei Ereignisse gleichzeitig verarbeitet und das Bewusstsein leitet Informationen mit einer Geschwindigkeit von 180 bis 200 km/h weiter. Außerdem kann es durchschnittlich etwa 2000 Informationseinheiten pro Sekunde verarbeiten. Andere Eindrücke empfangen und bewerten wir, ohne lange darüber nachzudenken. Wenn wir plötzlich mit einem Aggressor konfrontiert werden, sind wir unmittelbar kampf- oder fluchtbereit. Sehen wir ein heranrasendes Auto, denken wir (bestenfalls) nicht noch in Ruhe darüber nach, ob wir nun nach links oder rechts hechten sollen. Genauso gehen wir Menschen aus dem Weg, die nicht der Norm entsprechen oder einen skurrilen Eindruck machen. Dann sagen wir vielleicht salopp: „Der ist aber schräg. Dem würde ich auch nicht gerne nachts am Bahnhof begegnen." Hier wirkt meist das Unterbewusstsein. Es hat eine unbeschränkte Verarbeitungs-kapazität und kann viele tausend Vorgänge gleichzeitig verarbeiten. Es leitet Informationen mit einer Geschwindigkeit von mehr als 150.000 km/h weiter und kann durchschnittlich, erstaunliche 4.000.000.000 Informationseinheiten pro Sekunde verarbeiten.

Oft haben wir auch nur das „Gefühl", dass etwas nicht stimmt und können es uns überhaupt nicht rational erklären. Hier wirkt das System des Unterbewussten und im Laufe des Buches werden Sie lernen, wie Sie Menschen besser einschätzen und beurteilen können. Es gibt einen Bereich in der Körpersprache, der auch unter dem Begriff »Blitzeinschätzung« bekannt ist. Studien haben bewiesen, dass Menschen eine genaue Einschätzung von Personen abgeben können, deren Foto sie erst wenige Sekunden vorher zu sehen bekamen.

Dieses Einschätzungsvermögen liegt uns regelrecht in den Genen und auch Sie benutzen diese Gabe. Manche Menschen, die ich treffe, sagen mir oft: „Sie können Menschen so gut durchschauen, aber ich liege, seit ich denken kann, immer falsch mit meiner Einschätzung." Ich bin sicher, dass auch solche Personen grundsätzlich über eine gute und richtige Einschätzung von Menschen verfügen, doch ist ihnen ihr eigenes Denken oft im Weg. Mit ein wenig Übung kann jeder seine Fähigkeit verbessern, Menschen zu »lesen«.

Der Clou mit der Körpersprache

Körpersprache ist bei Weitem nicht das einzige Tool, das Sie für die nonverbale Kommunikation benutzen können. Es ist nur ein Teil und sicher auch ein sehr wichtiger. Doch lassen Sie uns kurz die Körperbewegungen anschauen. Körpersprache kann sehr subtil, aber ebenfalls deutlich sein.

Das Spektrum reicht von einem Zucken im Auge bis hin zu ausladenden Bewegungen, wie sie gerne von Leuten aus südlichen Ländern benutzt werden. Alles, was mimisch und gestisch zwischen der großen Zehe und der Kopfhaut abläuft, können wir als Körpersprache bezeichnen. In der Kunst der Körpersprache, also beim Deuten von Haltungen und Bewegungen, kommen die meisten Irrtümer zustande, was bestimmte Körpersignale scheinbar bedeuten. Wir werden hier in die Tiefe gehen, sodass Sie am Ende des Buches einen randvollen „Werkzeugkasten" besitzen, mit dem Sie erst einmal ausgiebig experimentieren können.

Beispiele für das Modell von Wohlbefinden und Unwohlsein in der Körpersprache:

- Breiter Stand – schmaler Stand
- Aufgerichtete Haltung – geduckte Haltung
- Kinn angehoben – Kinn eingezogen
- Schultern hochgezogen – Schultern entspannt
- Rumpf offen – Rumpf verdeckt

Das äußere Erscheinungsbild

Kleidung ist Ihnen nicht so wichtig? Das kann ich verstehen und ich persönlich bewerte meinen Kleidungsstil auch nicht über. Doch ich weiß exakt, wie ich mich kleiden muss, um den Effekt zu erzielen, den ich haben möchte. Der Kleidungsstil variiert je nachdem, wo Sie sich aufhalten und welchen Aktivitäten Sie nachgehen. Ich möchte, dass Sie nach der Lektüre dieses Buches zumindest wissen, dass dieser Bereich einen wichtigen Teil in Ihrer Außenwirkung darstellt. Wie sehr Sie ihn perfektionieren mögen, überlasse ich ganz Ihnen.

Es ist bekannt, dass wir Menschen gerne nach ihrem Charakter beurteilen möchten. Wenn wir allerdings ehrlich sind, entstehen die meisten Kontakte erst, nachdem wir dem äußeren Erscheinungsbild unser »Go« gegeben haben. Hier kommen wieder gewisse Stereotype zur Geltung und wir umgeben uns außerdem gerne mit Menschen, die uns ähneln. Die Kleidungsindustrie ist ein riesiger Markt und verdient mit Modetrends ihr Geld. Es gibt kaum eine Stadt, in der wir keine unendliche Anzahl an Einkaufs-möglichkeiten in Sache Mode vorfinden. Selbst wenn wir nun individuell sagen, Kleidung sei nicht wichtig, misst die Gesellschaft diesem Aspekt dennoch einen großen Wert bei.

Unser Blick für Schönheit und Ästhetik liegt uns in den Genen. Schon Kinder haben bereits im Säuglingsalter einen Sinn für Schönheit. Symmetrische und ansprechende Gesichter bringen Babys zum Lächeln. Dabei weiten sich ihre Pupillen in dem unbewussten Bemühen, den optischen Reiz so stark wie möglich zu vergrößern. Dieser angeborene Sinn für Schönheit und Ästhetik findet seinen Weg bis ins Berufsalter.

Unter dem Begriff *Schönheitsdividende* bekannt, gibt es unzählige Forschungen, die nachweisen, dass attraktive Menschen besser bezahlt und öfter befördert werden. Die Schönheitsdividende ist ein Phänomen, das vor allem Werbefachleuten nur allzu vertraut ist.

Sprache

Nachdem Sie nun in der Familie und in der Schule sprechen und lesen gelernt haben, könnte Ihre nächste Aussagelauten: „Was soll ich denn sprachlich jetzt noch lernen? Mein Deutsch ist wunderbar!" Ganz so leicht machen wir es uns in der nonverbalen Kommunikation nicht. Auch hier gibt es eine Verbindung zwischen dem gesprochenen Wort und der nonverbalen Kommunikation. Gesprochene Sprache besteht nicht ausschließlich aus Wörtern und ihrer Bedeutung, sondern sie weist immer auch bestimmte Eigentümlichkeiten auf wie z. B. unsere innere Haltung, die Lautstärke, der Tonfall, die Geschwindigkeit, die Betonung und eventuelle

Sprechpausen. Ein hektischer und unkonzentrierter Sprecher fällt weniger durch den Inhalt des Textes als vielmehr durch seine nervige Art auf. Doch auch ein Sprecher mit beruhigender und tiefer Stimme kann auf seine Zuhörer schnell ermüdend wirken.

Unter das Verständigungssystem Sprache fällt auch das *aktive Zuhören* und im weiteren Verlauf das *verbale Spiegeln*. Falls Sie das Anliegen haben, Ihr Gegenüber wirklich zu verstehen, ist es unabdingbar, dass Sie zwei Eigenschaften an den Tag legen: Einfühlsamkeit und aktives Zuhören. Wenn Sie beide Aspekte im Moment des Zuhörens kultivieren, können Sie Wunder erleben. Es ist ein Hören mit Ohren, Augen und Herz.

In Partnerschaften sowie in Geschäftsbeziehungen kann ein gekonntes Anwenden dieser Fähigkeit eine Verbindung stärken und vertiefen. Ein Partner erzählt Ihnen so womöglich von seinen tiefsten und nie zuvor ausgesprochenen Wünschen. Und ein Mitarbeiter fühlt sich seinem Unternehmen wesentlich tiefer verbunden, wenn sein Vorgesetzter ihm bei seinen Anliegen aktiv zuhört.

Im verbalen Spiegeln kommt eine therapeutische Technik zum Ausdruck, die oft aufgrund ihrer Einfachheit unterschätzt wird. Diese Technik lässt sich gut nutzen, wenn sich bei Ihrem Anliegen um den Aufbau von

Vertrauen handelt. Sie verwenden bei dieser Technik dieselben Worte wie Ihr Gesprächspartner. Wenn Ihr Gegenüber z. B. von seiner *Angst* spricht, den Job zu verlieren, verwenden Sie ebenfalls das Wort *Angst* und sprechen nicht etwa nur von seinen *Bedenken*.

Er wird in den meisten Fällen nämlich keine *Bedenken*, sondern wirklich *Angst* empfinden.

Menschen fühlen sich zudem oft unverstanden, wenn ihr Gegenüber andere Wörter benutzt als sie oder Aussagen trifft, die ihren eigenen Aussagen nicht genau entsprechen. Clevere Geschäftsführer oder auch Ermittler im öffentlichen Dienst verwenden diese Methoden, um eine Vertrauensbasis aufzubauen, die je nach Tätigkeit einen Geschäftsabschluss oder ein Geständnis hervorbringen können.

Beispiele für das Modell von Wohlbefinden und Unwohlsein in der Qualität der Sprache:

- Deutlich – undeutlich
- Klar – zittrig
- Voluminös – ohne Volumen
- Laut – leise (kontextabhängig)
- Präsent – schwach
- Ausdrucksstark – nuschelnd
- Nachdrücklich – absinkend
- Bestimmend – flau
- Rhythmisch – monoton
- Ruhig – hastig

Dein Verhalten

Was immer Sie tun, es wirkt und es wird meist bemerkt. Auf bewusster oder unbewusster Ebene senden Sie über Ihr Verhalten ständig Signale aus. Sind Sie am Arbeitsplatz unordentlich? Wie oft gehen Sie unerlaubt in die kleine Raucherpause? Wer erfindet ständig neue Ausreden, weshalb er zu spät gekommen ist? Sicher können Sie mir auf Anhieb sagen, welche Kollegin oder welcher Kollege diese Rolle in Ihrer Firma eingenommen hat. Viel wichtiger als das Bewerten und Belehren anderer in Bezug auf ihr Verhalten ist das Erkennen, dass alles eine Aussage darüber ist, wer man ist. Schauen Sie sich also ganz genau Ihre bewussten und unbewussten Tätigkeiten an, die Sie Tag für Tag immer wieder ausführen.

Der individuelle Charakter

Sehr schwer in Worte zu fassen ist der individuelle Charakter. Eigenschaften wie Freundlichkeit, Selbstvertrauen, Ruhe, Überheblichkeit oder Arroganz prägen den Eindruck, den wir übermitteln, oft am markantesten. Wenn Sie über eine Person sprechen, die nur Sie kennen, und jemand fragt, wie Sie diese beschreiben würden, dann sagen Sie womöglich: „Sie ist ein ganz bezaubernder Mensch. Sie ist humorvoll und witzig und außerdem hat Sie so eine würdevolle Art, mit Menschen umzugehen." Vielleicht würden Sie auch ein paar zusätzliche Informationen herausgeben: wo sie wohnt, wie sie aussieht usw. Doch oft beschreiben wir in erster Linie den inneren Kern, den Charakter eines Menschen.

Mit einer bestimmten Lebenseinstellung verbinden Sie auch einige Werte und Charaktereigenschaften. Charisma-Trainer lehren häufig, dass die wahre »Gottesgabe« nicht direkt erlernt werden kann. Wir können natürlich an unserer Außenwirkung arbeiten, doch die Magie, die ein Mensch ausstrahlt, sobald er in einen Raum kommt, hängt essenziell von der Lebenseinstellung und dem individuellen Charakter ab. Wenn Sie an eine prominente

Person denken wie z. B. an den Dalai Lama, was kommt Ihnen zuerst in den Sinn? Es ist etwas Nonverbales – vermutlich das Bild, das ihn in seiner Robe und mit seiner bekannten Brille zeigt. Er drückt Mitgefühl seinen Mitmenschen gegenüber aus und lächelt demütig. Dies ist überhaupt eine Eigenschaft, die ich Menschen gerne wärmstens ans Herz legen möchte. Üben Sie sich in Demut und Mitgefühl! Es verändert nicht nur die Art, wie andere Menschen Sie wahrnehmen, sondern es trägt auch maßgeblich zur Verbesserung Ihrer eigenen Lebensqualität bei.

Wenn der Körper spricht

In diesem Kapitel widmen wir uns der »Lesekunst« der Körpersprache. Hier lernen Sie, wie jedes Körperteil kommuniziert und geheime Botschaften äußert, die die meisten überhaupt nicht wahrnehmen. Wenn Sie es sich zur Aufgabe machen, künftig bewusst darauf zu achten, was Ihr Gegenüber Ihnen nonverbal mitteilt, werden Sie von ganz alleine besser darin werden, diese geheimen Botschaften zu entschlüsseln. Zudem werden Sie mit etwas Übung – über das genaue Erkennen von Signalen hinaus – auch noch ein Experte darin werden, diese für sich und Ihre Zwecke zu nutzen: entweder um jemanden in eine angenehmere Gefühlsstimmung zu bringen oder um die nächste Gehaltsverhandlung souverän zu meistern.

Um ein Experte zu werden, vermeiden Sie unbedingt das stupide Auswendiglernen bestimmter Aspekte der Körpersprache. Es ist gut, wenn Sie die einzelnen Signale kennen, die die Körperteile aussenden und vermitteln. Doch lassen Sie nie das große Ganze aus dem Blick! Schauen Sie sich immer den Kontext an, in dem sich die jeweilige Person befindet. Menschen stehen oft in bestimmten Situationen – wie beispielsweise bei Anwesenheit von Chefs, Polizisten oder anderen Autoritätspersonen – unter Stress und verhalten sich dadurch anders als gewöhnlich. Beziehen Sie diese Aspekte in Ihre Beurteilung mit ein und falls Sie selbst in

Kontakt mit einer Person treten, finden Sie zuerst heraus, wie eine neutrale Haltung und Gefühlsstimmung bei Ihrem Gegenüber aussieht. Sobald Sie das erkannt haben, können Sie viel exakter Veränderungen wahrnehmen.

Gefühle und Emotionen

Gefühle und Emotionen (= Ausdruck von Gefühlen) spielen in der Körpersprache eine große Rolle, wobei emotionale Regungen meist dann entstehen, wenn wir Gefühle nicht zulassen oder sich solche angesammelt haben. Beide wirken auf den Körper und beeinflussen unsere Körperbewegungen maßgeblich. Ein gefühlvoller Blick wird z. B. ein ganz anderes Zeichen setzen als eine emotionale Standpauke. Seien Sie sich einfach dessen bewusst, dass Ihr Körper das Ventil ist, über das Sie Ihren Gefühlen Ausdruck verleihen.

Wissenschaftler konnten feststellen, dass die Haltung, die wir einnehmen, unmittelbar mit den biochemischen Prozessen in unserem Körper zusammenhängt. So werden beim Einnehmen von »Machtpositionen« ganz andere Stoffe in den Körper ausgesendet, als dies der Fall ist, wenn wir zusammengekauert dasitzen. Sie alle brauchen nicht Psychologie studiert zu haben, um zu erkennen, dass ein »geknickter« Passant, der mit trauriger Miene an Ihnen vorbeigeht, nicht den schönsten Tag seines Lebens hat. Und diese Haltung spiegelt sich in seinen Gefühlen wider.

Des Weiteren spiegeln sich die Gefühle in seiner Haltung wider.

Forscher haben festgestellt, dass eine gegenseitige Wechselwirkung von Gefühlen und Haltungen existiert, weshalb wir uns nicht mehr als Opfer der äußeren Umstände betrachten können. Denn wenn Sie selbst Ihre Gefühle verändern können, indem Sie eine andere Haltung einnehmen, dann sind Sie auch künftig in der Lage, Ihre Gefühle zu verändern. Es wird Ihnen im Leben keiner eine Medaille für depressives Verhalten verleihen. Hingegen begegnen Sie meist wunderbaren Menschen, sobald Sie mit Offenheit und Elan durchs Leben gehen. Im Folgenden gehen wir auf die Körpersprache und ihre einzelnen Bereiche und Ausdrucksformen ein.

Haltung

Wie bei dem Konzept von Wohlbefinden und Unwohlsein ist es auch hier von Interesse, erst einmal herauszufinden, wie eine objektive und neutrale Haltung aussieht. Die meisten Haltungen und Bewegungen, die Sie im Alltag sehen, weichen nämlich bereits davon ab. Also lassen Sie uns anschauen, wie ich eine neutrale Haltung definieren würde. Wenn sich das Knochengerüst Ihres Körpers ohne Muskelanstrengung im Gleichgewicht befindet, stehen Sie gerade. Im Einzelnen bedeutet das: Der Kopf sitzt gerade und mittig zwischen den Schultern und der Blick ist geradeaus gerichtet. Die Schultern hängen seitlich und locker, Hände und Arme hängen gerade an der Körperseite entlang. Die Wirbelsäule ist gerade vom Hals bis zum Kreuzbein und das Becken steht in einer neutralen Stellung, während es die darauf ruhenden Körperteile ausbalanciert. Die Beine schaffen in beckenbreitem Abstand den Kontakt zum Boden und tragen dabei das Gewicht des gesamten Körpers. Die Belastung des Körpers ruht gleichmäßig verteilt zwischen der Ferse und dem vorderen Ballen des Fußes. Das Skelett des Körpers befindet sich in einer vertikalen Linie und wird durch die Schwerkraft stabilisiert. Die Energie kann im Körper harmonisch zirkulieren und strömt gleichmäßig durch die Muskeln hindurch. Wenn diese Faktoren gegeben sind, begegnen wir der Welt harmonisch. Objektiv betrachtet stehen die wenigsten Menschen wirklich gerade. Wenn ich sie dahingehend korrigiere, haben die meisten das Gefühl, sie würden gleich auf die Nase oder auf den Rücken fallen. Der Mensch empfindet eben das als natürlich, was er gewohnt ist.

Stehen

Alle Abweichungen weg vom neutralen Standpunkt können als Veränderung der Energie und somit als bestimmte Ausdrucksweisen betrachtet werden. Probieren Sie es ruhig einmal selbst aus: Stellen Sie sich so hin, wie Sie normalerweise stehen und beobachten Sie fünfzehn

Sekunden lang, welches Gefühl Sie damit verbinden. Nun wechseln Sie in eine andere Position im Stehen. Vielleicht überkreuzen Sie beide Beine oder stellen sich bewusst sehr breitbeinig hin. Und nun analysieren Sie wieder Ihren Gefühlszustand.

Das ist eine der wichtigsten Erkenntnisse, die ich aus der Körpersprache gewonnen habe, und sie ist so umfassend, dass ich ein ganzes, weiteres Buch nur mit diesen Erkenntnissen füllen könnte. Halten Sie diese Erfahrung im Geiste fest und beobachten Sie im Laufe des Tages immer wieder, welche Haltungen Sie einnehmen und welche dazugehörigen Gefühls-zustände Sie erfahren.

»Stehen bleiben«

Einen Ausruf wie diesen assoziieren die meisten Bürger mit irgendwelchen Krimis, in denen Polizisten auf frischer Tat einen Verbrecher stellen. Doch was drückt ein Mensch wirklich aus, der auf der Stelle steht? Wenn eine Person mit beiden Beinen in gutem Kontakt mit dem Boden steht und die Haltung aufrecht ist, haben Sie in der Regel eine sehr realistische Person vor sich. Sie weiß, wo sie *im Leben steht* und tut dies eindeutig *mit beiden Beinen auf dem Boden.*

Krallen Menschen hingegen die Zehen in den Boden, ist das ein eindeutiges Zeichen für Unsicherheit; in Schuhen meist nur aufgrund von Muskelanspannung und weiteren

Indikatoren von Unbehagen und Unsicherheit im restlichen Körper auszumachen. Menschen in dieser Gemütsverfassung haben das Gefühl, den Boden unter den Füßen zu verlieren, und *klammern* sich zudem meist an ihre vorgefassten Meinungen und Vorstellungen.

Falls eine Person lange auf einem Punkt steht, möchte sie in diesem Punkt auch dort stehen bleiben. Es ist ihr »Standpunkt« und sie möchte diesen auch verteidigen. Wenn ich also nun ihre Einstellung oder Vorstellung verändern möchte, kann ich mir langes Diskutieren ersparen. Die oft bessere Variante, durch die ich besagte Person für meine Argumente öffnen kann, besteht darin, ihren physischen Standpunkt zu verändern. Oft verhärten sich Gespräche an Tischen oder Orten, die keinerlei Bewegungen des Körpers zulassen. Hier ist kein Raum für eine Veränderung der Standpunkte und jeder beharrt auf seiner Meinung. Eine wirklich wirksame Methode für ein Annähern von Standpunkten ist es, einen gemeinsamen Spaziergang zu unternehmen. Nicht immer lässt sich das während der Berufstätigkeit umsetzen, doch im privaten Rahmen empfehle ich es nachdrücklich. Denn gehen Sie erst Seite an Seite, demonstrieren Sie damit: „Wir blicken beide in dieselbe Richtung. Wir haben das gleiche Ziel." Eine solche Methode wirkt kooperativ, nicht oppositionell.

Breitbeinig stehen

Eines der bekanntesten Klischees, über das in der Körpersprache gesprochen wird, ist jenes über das breitbeinige Stehen. Besonders Männer haben sich dies zu eigen gemacht, da es in der Literatur und in Filmen oft als Ausdruck von Männlichkeit gilt. Ich habe einen Kollegen in meiner Ausbildungszeit gehabt, der sich scheinbar zu viele Westernfilme angesehen hat. In Besprechungen und kleinen Runden stand er meist so breitbeinig da, dass Sie ihm ohne Probleme einen Stuhl zwischen seine Beine hätten schieben können.

Vielleicht finden Sie für Ihren Ausdruck von Stärke ein gesünderes Maß, das nicht allzu augenscheinlich (und peinlich) für Ihre Mitmenschen ist. Ich garantiere Ihnen, dass Sie mit einem weitaus schmaleren Stand der Beine immer noch männlicher wirken als durch die oben beschriebene »Hampelmann«-Haltung.

Gehen

Der Gang ist eine bewusste Zweckbewegung und dient entweder dazu, einem Ziel näherzukommen oder vor einer Konfrontation zu fliehen. Gehen ist eine hochkomplexe Aktion für den Körper, die durch jahre- bzw. jahrzehntelange Gewöhnung für Sie heute ganz selbstverständlich geworden ist. Es ist ein Balanceakt mit feinstmotorischen Abstimmungen. Jede Gangart erzählt ihre eigene Geschichte und oft können wir Menschen allein an ihrer Gangart erkennen. Personen aus dem Bekannten- oder Freundeskreis werden von uns in der Stadt oft schon von hinten, alleine durch den Gang erkannt. Und bald schon werden Sie Menschen anhand ihrer Gangart lesen und durchschauen können.

Kleine Schritte

Falls Sie eine Person gehen sehen, die mit kleinen und vorsichtigen Schritten unterwegs ist, können Sie davon ausgehen, dass solche Personen gerne unnötige Risiken vermeiden. Oft sind die Nacken- und Schulterpartien versteift und gesperrt. Auch die Hände wirken sehr inaktiv und die Armbewegung ist wenig ausladend. Unterstützt wird dieses Bild noch gelegentlich durch einen auf den Boden gesenkten Blick. Diese Personen versuchen das Terrain zu kontrollieren, auf dem sie sich bewegen. Sie gehen kein zusätzliches Risiko ein und vertrauen nur Schritten, die schon erprobt sind. Dreht jemand aktiv den Handrücken in Gangrichtung, so erfordert das eine unnatürliche Haltung der Arme, die die Handinnenseiten (und somit seine Absichten) verdeckt.

Große Schritte

Lange Schritte beschreiben eine Person als ehrgeizig. Diese Menschen wollen im Leben vorankommen und gehen auf direktem Weg zu ihrem Ziel. Große Schritte stehen für weit gesteckte Ziele und sind bei risikofreudigen und wagemutigen Menschen zu beobachten.

Falls eine Person beim Gehen nun etwas auffällig die Zehenspitzen anhebt, ist das ein Zeichen dafür, dass ihr Elan etwas gebremst ist. Eine angehobene Brust signalisiert zudem ihren Ehrgeiz und man hat beim Beobachten das Gefühl, die Beine kommen dem Ehrgeiz kaum hinterher. Wir alle kennen solche Menschen. Und kennen wir sie nicht persönlich, so haben wir sie auf alle Fälle schon mal in der Stadt gesehen. Schwingen die Arme und Hände parallel zum Körper, so zeigt dies Aufgeschlossenheit und Handlungsbereitschaft.

»Scheuklappen«

Menschen, die regelrecht »Scheuklappen« aufhaben, erkennen wir an der Kopfhaltung, die etwas nach oben gerichtet ist und dadurch die Beweglichkeit des Kopfes einschränkt. Der Gang wirkt meist starr und wie auf einer unsichtbaren Linie schnurstracks der Straße entlang. Menschen, die so gehen, lassen keinerlei Informationen von links und rechts an sich heran, die sie von ihrem Ziel abbringen könnten. Zudem ist das Brustbein meist starr und enthält viel aufgestaute Energie. Solche Personen legen viel Wert auf Konventionen und sind meist von gesellschaftlicher Anerkennung abhängig. Sie sind in Berufsfeldern der Politik, Bürokratie und in Finanzabteilungen herzlich oft anzutreffen.

Der Pfau auf den Straßen

Sowohl Männer als auch Frauen lassen sich gerne in der Öffentlichkeit blicken. Solche, die viel von sich halten, stolzieren meistens wie ein Pfau (metaphorisch gesprochen). Sie gehen voller Elan und Würde, wobei sie sich der Art ihrer Bewegung meist durchaus bewusst sind. Zu diesem speziellen Gang gehört ein offener Gesichtsausdruck, der Vertrautheit und Annäherungs-bereitschaft offenbart. Das Gegenteil von Introversion: Diese Personen strahlen ihre Energie nach außen ab, um von so vielen Menschen wie möglich wahrgenommen zu werden.

Das Brustbein ist aufgerichtet und die Arme schwingen neben dem Körper. Die Beine wirken elegant und schwungvoll, während sich das Becken den Bewegungen leicht anpasst. Der Gang ist bewusst langsam, sodass die Beobachter Zeit zur Beachtung und Bewunderung haben. Sie sollen erkennen, welche Würde und Last der Verantwortung die „Pfauen" zu tragen haben. Alles zusammen wirkt sehr ästhetisch und leicht, weshalb sich Menschen von diesen Personen angezogen fühlen. Diese Würde und Eleganz spiegelt sich sowohl in der Körperhaltung als auch auf der Gefühlsebene wider.

Fußbewegungen

Ein gezielter Blick auf die Füße verrät eine Person im Hinblick auf vielerlei Aspekte. Drückt der hintere Fuß sich beim Gehen im letzten Augenblick noch ab, so ist das ein

Zeichen von verstecktem Ehrgeiz. Besonders in Verhandlungen und geschäftlichen Angelegenheiten versuchen diese Personen im letzten Moment noch etwas herauszuschlagen.

Zieht der Fuß am Ende des Schrittes durch ein Schlenkern im Knie etwas weiter nach vorne, machen Sie sich bewusst, dass sich diese Person wie ein »frecher Hund« benehmen kann, der noch im letzten Augenblick nach etwas schnappt. Zieht jemand einen weit ausholenden Schritt noch im letzten Moment zurück, handelt es sich um eine Person, die mehr Großzügigkeit und Offenheit suggeriert, als sie in Wirklichkeit zu geben imstande ist.

Wippen Menschen beim Gehen auf den Zehen etwas mit, wollen Sie oft größer wirken, als sie sind, oder haben ihre innere Größe noch nicht entdeckt. Umgekehrt federn Menschen in den Knien, wenn sie sich kleiner machen wollen. Tatsächlich tauchen diese Phänomene bei physisch großen wie kleinen Menschen häufig auf. Meist strecken sich kleine Menschen auffällig in die Länge, während sich große Menschen im Rücken und Brustbereich einsenken, um Größe zu reduzieren.

Sitzen

Im Sitzen entsteht im Körper ein natürliches Gefühl von Entlastung und Entspannung. Eine vollkommene Entspannung ist jedoch oft nur im Liegen möglich und so erkennen wir auch im Sitzen gravierende Unterschiede, die auf Veränderungen der neutralen Sitzhaltung hinweisen. Wie Sie inzwischen wissen, achten wir auf Ausprägungen, die von der Norm abweichen, und orientieren uns dabei am Konzept des *Wohlbefindens und Unwohlseins*.

Gekreuzte Beine

Im Stehen wirken gekreuzte Beine locker und entspannt. Es ist ein klares Zeichen von Behagen und Wohlbefinden. In dieser Position können Sie weder fliehen noch kämpfen, weshalb sie nur in gefahrlosen Situationen eingenommen wird. In kreativen Runden sowie in Gesprächen unter Freunden sind gekreuzte Beine ein positives Zeichen von Entspannung.

Die Richtung, in welche die Beine gekreuzt werden, wenn zwei Personen nebeneinander oder schräg nebeneinander sitzen, kann sehr aufschlussreich sein. So werden bei Sympathie oder bei freundschaftlichen Verhältnissen die Beine so überschlagen, dass der Unterschenkel des obenliegenden Beines in die Richtung der anderen Person zeigt. Besteht jedoch eine angespannte Stimmung oder eine Antipathie, werden die Beine so überkreuzt, dass der Unterschenkel des oben liegenden Beines von Ihnen weg zeigt. Achten Sie besonders auch auf Wechsel des Beinüberschlags. Das kann oft ein Indiz für ein Problem oder eine Uneinigkeit sein. Des Weiteren zeigen locker übereinandergeschlagene Beine nicht immer Aufgeschlossenheit. Sie signalisieren meist auch einen Hauch von Reserviertheit.

Diese Beinposition ist bei Frauen die wohl beliebteste Sitzhaltung, die Ihnen im Alltag begegnen wird. Doch auch Männer in geschäftlichen Situationen (speziell bei beruflich höheren Rängen) schlagen die Beine gerne leger übereinander. Betrachten Sie also ganz explizit den restlichen Körper: Wohin zeigen die Fußspitzen? Ist der Rumpf aufgerichtet oder fällt das Brustbein ein? Zeigen die Handflächen nach unten, nach oben oder zu Ihnen? Zeigen die Daumen Richtung Decke? Fangen Sie an, Menschen im Detail zu lesen. Uns wurde beigebracht, unsere Körpersprache zu verschleiern und uns sehr eingeschränkt zu bewegen. Von daher braucht es etwas Gespür für die Details und die kleinen, unscheinbaren Bewegungen.

Offenes Sitzen

Sitzt jemand leger mit offenen Beinen da, während ein Bein ausgestreckt und das andere Bein angewinkelt ist, so spricht diese Haltung für Vertraulichkeit, während das gestreckte Bein auf den Anspruch an ein größeres Territorium hinweist.

Schutzschild-Sitz

Sitzt eine Person mit überschlagenen Beinen da, sodass diesmal das Fußgelenk auf dem Oberschenkel aufliegt und das Knie nach außen fällt, dient das quer gelegene Schienbein als schützende Barriere. Viele stützen sich ergänzend mit einer Hand auf dem nach außen gestellten Knie auf, um den Raum zu vergrößern, den der Körper nun einnimmt. Neigt diese Person beispielsweise noch dazu den Kopf leicht zur Seite, weicht sie damit der direkten Konfrontationslinie aus, ist also defensiv.

Schlangenfüße

Wir kennen aus der Schulzeit viele Spielchen. Die Spiele der sogenannten „Halbstarken" gehörten zu meiner Zeit definitiv dazu und so versuchten wir teilweise, Jungs oder Mädchen von ihren Stühlen zu kippen. Doch so leicht gaben diese nicht immer nach. Sie schlängelten dabei clever ihre Füße um die Stuhlbeine und signalisierten mit dieser Sitzhaltung: »Mich kriegst du hier nicht weg. Das ist mein Stuhl!«.

Doppelschlange

Überschlagen Menschen die Beine klassisch, sodass ein Oberschenkel den anderen Oberschenkel kreuzt, und schlängelt sich zudem die Fußspitze des überschlagenen Beines noch um den Unterschenkel des Standbeines, so weist dies deutlich auf Unsicherheit und innere Anspannung hin. Menschen können in dieser Position nicht aufstehen und demonstrieren somit auch ihre Unbeweglichkeit.

Durchstarter

Setzt sich jemand lediglich auf der vorderen Stuhlkante ab, so stellt er die Füße meist auf den Ballen auf. Diese Position kann bei erhöhtem Interesse auftreten oder auch wenn die Person andeutet, gehen zu wollen. Diese Position sagt aus: »Ich kann in jedem Augenblick aufstehen und gehen.«.

Beine und Füße

Wippende Beine und Füße

Nicht nur beim Verhalten von Kleinkindern oder bei langweiligen Besprechungen, sondern auch bei romantischen Verabredungen oder in spannenden Momenten sind hektische Bewegungen der Beine und Füße zu beobachten. Je nachdem, ob es sich dabei um Klopfen, Wippen oder hektisches Auf-und-Ab-Bewegen handelt, ist die Beurteilung kontext-abhängig. Falls Ihr Gegenüber ansonsten die Ruhe in Person ist und plötzlich anfängt, unruhig mit den Beinen zu zappeln, weist das auf ein Zeichen von Unbehagen hin. Der oder die Betreffende könnte ungeduldig sein oder aufbrechen wollen. Auch eine volle Blase hat schon zu derartigen Bewegungen geführt. Urteilen Sie also nicht zu schnell! Bieten Sie in solchen Fällen die Option an, das Gespräch kurz zu unterbrechen. So kann Ihr Gegenüber womöglich einen wichtigen Anruf tätigen, seine Blase entleeren oder sich die Beine vertreten.

Das Wippen der Beine kann aber auch gegenteilige Ursachen haben. Dieses Phänomen nennt man dann »happy feet«. Es beschreibt die Bewegungen der Füße und Beine aufgrund einer positiven Nachricht oder Regung. Pokerspieler bekommen oftmals »happy feet« unter dem Tisch, wenn sie ein »Gewinnerblatt« auf der Hand haben. Bewerber spannen die Bein- und Fußmuskeln an, wenn sie im Vorstellungsgespräch eine Zusage bekommen. Genauso verhalten sich auch Menschen, wenn sie sachlich bleiben müssen, sich aber zum Beispiel riesig über ein Zugeständnis oder ein Lob freuen.

Unruhige Menschen sind oft von Natur aus hektischer. Das zeigt sich auch in ihren Bein- und Fußbewegungen. Hier wird ein Zeichen von Unwohlsein erst deutlich, sobald das Wippen in eine Art Treten übergeht. Ein solches Verhalten gilt als eine überaus negative Reaktion auf das, was gerade passiert. Die Person signalisiert damit: »Ich würde das Problem am liebsten von mir treten!«.

Das wiederholte Anspannen und Kippen des Fußes zur Seite kann als Indiz für hohen Stress sowie Gereiztheit und Ungeduld gesehen werden. Der Grund für solche Bewegungen liegt meist in der beruhigenden Wirkung. Bei Extremfällen kann dieses Prinzip aber zu nervösen Ticks oder pathologischen Verhaltensweisen führen.

Den Weg weisen

Bei einem Gespräch im Stehen haben Füße eine große Aussagekraft über das Wohlbefinden der Person. Zeigt ein Fuß oder zeigen beide Füße weg von Ihnen, ist dies ein deutlicher Hinweis darauf, dass die Person sich unwohl fühlt oder gerne gehen möchte – z. B. weil sie womöglich noch einen weiteren Termin hat. Oftmals ist die Hüfte des betreffenden Fußes (der von Ihnen weg zeigt) leicht gedreht und weist in die Richtung der Fußstellung. Die Zeigerichtung des Fußes ist meist auch die Richtung, in die die Person gehen möchte.

Füße zum Himmel

Meist sind *aufwärts strebende Verhaltensweisen* ein Ausdruck für Zufriedenheit und Freude. Wenn Ihr Chef also plötzlich federnden Schrittes aus seinem Büro geht, gelang es ihm womöglich gerade, ein wichtiges Geschäft oder Projekt abzuschließen.

Zeigen die Zehen beispielsweise beim Telefonieren oder in Gesprächen zur Decke, ist das ein Zeichen dafür, dass sich jemand guter Laune erfreut oder das Gespräch genießt (vielleicht ist das Telefonat weniger geschäftlich oder es besteht eine vertraute Beziehung zwischen den beiden Gesprächspartnern).

Verschränkte Füße

Kreuzen sich die Füße und ziehen sich womöglich im Sitzen unter den Stuhl zurück, weist das auf Sorge und innere Anspannung hin. Kommt ein solches Verhalten in einem Gespräch zum Ausdruck, ist anzunehmen, dass gerade etwas Unangenehmes besprochen wird. Von Kindheit an wird vielen Frauen beigebracht, die Beine oder Füße zu kreuzen, um damit ein vornehmes Verhalten zu zeigen.

Rumpf

Der Rumpf ist ein hochsensibler und wichtiger Bereich des Körpers, denn er schützt zum einen die lebenswichtigen Organe und ist zum anderen auch Zentrum der Lebensenergie: Herz und Lungen befinden sich in diesem Bereich und sind die Triebwerke der Sauerstoff- und Energieversorgung. Hier sitzt die Quelle von Lebenskraft, Aktivität und Vitalität. Der Rumpf und der dazugehörige Brustkorb sind eng mit der Atmung verbunden, die ebenfalls viele Hinweise auf Wohlbefinden und Unbehagen geben kann.

So atmen wir meist ein, bevor wir aktiv werden, etwas sagen wollen oder in Aktion treten. Falls Sie merken, dass Ihr Gegenüber bewusst und sichtbar einatmet, will diese Person wohl etwas sagen. Wenn Sie ihr dazu keine Gelegenheit geben, so wird sie die Luft wieder resigniert herauslassen – und das war es dann: Pustekuchen. Wenn Sie also die Intention Ihres Gegenübers erkennen, geben Sie ihm Gelegenheit dazu, sich entsprechend zu verhalten. Damit stärken Sie sein Wohlbefinden und das ist es, was wir bevorzugt im Gegenüber erzeugen wollen. Zu oft habe ich schon ein Gespräch von zwei Personen beobachtet, in dem die eine Person einen Monolog führt. Nicht weil die andere Person nichts zu sagen hätte, sondern meist weil Person A auf gut Deutsch »die Klappe nicht halten« kann. Falls Sie mehr über Ihren Gesprächspartner herausfinden möchten, hören Sie aktiv zu und geben Sie Ihrem Gesprächspartner mehr Raum. Sobald eine Person Vertrauen gefasst hat und spürt, dass Sie ehrlich interessiert sind, wird sie Ihnen eventuell sehr vertrauliche Informationen geben.

Eingesunkene Brust

Ein nach innen gewendeter Brustkorb dient als Indikator für Inaktivität. Selten werden Sie Menschen mit eingesunkenem Brustkorb und voller Lebensfreude sehen. In diesem Bereich staut sich meist auch Energie in irgendeiner Form. Solche Menschen neigen im restlichen Körper ebenfalls zu einer »geknickten« und passiven Haltung.

Zuwenden – Abwenden

Da unser Rumpf alle lebenswichtigen Organe beinhaltet oder trägt, signalisieren wir ein großes Vertrauen, wenn wir jemandem mit ausgestreckten Armen um den Hals fallen. Wenn wir uns in einer Situation wohlfühlen, so drehen wir den Rumpf zum Objekt dieses Wohlgefühls. Bei Gefühlen des Unbehagens drehen wir uns unweigerlich, bewusst oder unbewusst, von der Quelle dieses Unwohlseins ab.

Dies ist ein natürliches Phänomen, das Sie überall beobachten können. Es ist ein klares Zeichen von Unbehagen oder Desinteresse, wenn sich Ihre Mitarbeiter oder Freunde während eines Gesprächs oder Meetings von dem Sprecher abwenden. Es könnte auch sein, dass sie dem Inhalt des Gesagten nicht zustimmen und auf diese Weise zeigen, dass sie damit nicht einverstanden sind, aber nicht den Mut haben, es zu äußern.

Verbeugung

Asiatische Kulturen bedienen sich dieser Geste aus Respekt für Ihr Gegenüber. Es ist eine lang bestehende Tradition, die noch aus Zeiten des alten Königreiches stammt und ein Zeichen von Ehrerbietung darstellt. In unserer westlichen Welt ist dieser Gedanke vielleicht etwas befremdlich, doch empfehle ich, sich bei einer förmlichen Begrüßung eine dezente Verbeugung mit leicht nach vorne geneigtem Rumpf anzugewöhnen (vor allem im beruflichen Umgang mit Asiaten). Auch für alle anderen signalisiert ein höfliches Neigen des Kopfes in Verbindung mit einem offenen Blick eine respektvolle Begrüßung.

Hals

Der Kopf ist das Speicherzentrum aller Sinnesorgane. Angefangen vom Sehen bis zum Sprechen. Er ist gewissermaßen der Radarschirm, während der Hals den Winkel und die Richtung bestimmt, aus der wir verstärkt Informationen wahrnehmen. Zudem gilt in der Tierwelt der Hals als der Körperteil, der am meisten verletzbar macht. So stürzen sich Raubtiere beim Angriff meist auf den Hals ihres Opfers, weil das der verwundbarste Punkt am Körper ist.

Steifer Hals

Ein fast schon gesellschaftliches Phänomen ist die chronische Nackensteife. Kaum einer klagt nicht über Verspannungen und Verkrampfungen im Hals-Nacken-Bereich. Dafür gibt es natürlich entschieden mehr Gründe, als dass man sie eindeutig einem bestimmten Muster der Körpersprache zuordnen könnte. Doch es besteht ein enger Zusammenhang zwischen der Beweglichkeit des Halses und der Aufnahmefähigkeit von Informationen. Wie in einem vorigen Abschnitt bereits erwähnt, schauen Menschen mit »Scheuklappen« stets nach vorne. Das ist ein bekanntes Beispiel für die Aufnahmeresistenz einer Person: Wer die Informationsaufnahme stoppen möchte, blockiert ganz einfach seinen Hals und beschränkt dadurch seinen Zugang zu neuen Informationen enorm.

Halsflügel offenbaren

Exponiert eine Person ihre Halsseite, versteht sich das als entgegengesetzte Haltung zur Abwehr und Verteidigung. Ein Mensch macht sich in diesem Moment verwundbar. Das Zeigen eines zarten Halses benutzen gerne Frauen, um Männer für sich zu interessieren. Sie wissen um den Beschützerinstinkt des Mannes und die erotische Wirkung dieser Geste: Sie signalisiert Verwundbarkeit und Hingabebereitschaft.

Auf einer ganz allgemeinen Ebene symbolisiert diese Geste den Verzicht auf Kampf durch das Eingeständnis von Verletzlichkeit. Außerdem ist es auch eine Demutsgeste, die Unterwerfung, Vertrauen, aber auch Hingabe signalisiert. Möchten wir jemandem ohne Vorurteile und frei von Gefühlen zuhören, so tendieren wir auf natürliche Weise dazu, den Kopf zur Seite zu neigen. Wir nehmen somit Informationen wertfreier auf und schenken der Person dabei Vertrauen.
In Liebesbeziehungen und im erotischen Spiel ist diese Geste ein unmissverständlicher Ausdruck von Intimität. Die Frau streicht mit einer gekonnten Bewegung die Haare zurück und schaut mit zur Seite geneigtem Kopf zu Ihnen.

Führt jemand den Kopf aus nicht ersichtlichem Grund zurück zur Mittellinie, besteht wahrscheinlich eine Unstimmigkeit, die den Gesprächspartner Konfrontationsbereitschaft oder Widerspruch erkennen lässt.

Hals entblößen

Exponiert jemand die Vorderseite des Halses, ist das ein ganz anderes Signal, dem Ausdruck verliehen wird. Gehen Kopf und Kinn in einer geraden Linie zur Decke, ist diese Geste der Kategorie Hochnäsigkeit zuzuordnen. Sie signalisiert dem Anderen: „Na, komm doch! Ich habe keine Angst vor dir! Du kannst gerne versuchen, mir an die Gurgel zu springen, aber ich werde dir eine Lektion erteilen, mein Freund!" Beobachten Sie Menschen, die andere provozieren oder die Konfrontation suchen: Sie sehen dabei bei den Betreffenden häufig das Hochziehen des Kinns und die Entblößung der verletzlichen Halsvorderseite.

Kopf

Jeder Kopf und jedes Gesicht sind individuell. Aufgrund der genetischen Codes gibt es freilich Ähnlichkeiten und sogar auch Wesensgleichheiten. Doch jedes Gesicht wird durch die Lebenseinstellung, Erlebnisse und die innere Verfassung individuell geprägt. Jegliche Abweichung von der Grundform eines Gesichts ist als momentane

Stimmung zu bezeichnen. Halten Menschen einen bestimmten Gesichtsausdruck über einen langen Zeitraum aufrecht, bezeichnet man das als seine Identität. Wir sagen dann sowas wie: „Das ist aber eine Frohnatur!" oder „Was für ein Miesepeter!" Die Fähigkeit, Gefühle erlebbar zu machen, liegt nicht alleine in der Beweglichkeit und Flexibilität der Brust. Die Elastizität der Gesichtsmuskeln spielt dabei ebenfalls eine große Rolle. Bei fröhlichen und vitalen Gefühlen heben sich die Gesichtsmuskeln und bei sinkender Lebensenergie fallen die Mundwinkel nach unten. Bereits Kinder in den ersten Lebensjahren sind zur Unterscheidung beider Gegensätze fähig. Wie im restlichen Körper spielt auch im Gesicht das Zusammenwirken aller Komponenten eine wichtige Rolle, die zu berücksichtigen ist, wenn man Menschen erfolgreich lesen möchte. Es ist trügerisch, einem einzelnen Detail wie z. B. den Augen zu trauen. Achten Sie deshalb bei Ihrem Training darauf, verschiedenste Aspekte der Körpersprache im Zusammenspiel zu berücksichtigen.

Besserwisser
Falls der Kopf von Natur aus weit nach vorne geschoben ist, haben Sie es nicht zwangsläufig, doch in der Regel häufig, mit einem sonderbaren Exemplar – dem »Klugscheißer« oder »Besserwisser« – zu tun. Meist sind die Hände und die Brust etwas zurückgezogen und signalisieren damit: „Ich weiß es besser … ABER machen

soll es bitte schön ein Anderer." Falls Sie jemand kennen, der diese Eigenschaften an den Tag legt, suchen Sie ihn spaßeshalber mal wieder auf oder schauen Sie sich alte Bilder oder Videos an. Diese stereotype Beschreibung ist natürlich etwas klischeehaft, aber sinnvoll. Sie werden lernen, mit der Zeit auch die Nuancen zu lesen. Nicht immer sind es nur vereinzelte Körperteile, die sprechen. Oft wirkt das Zusammenspiel des gesamten Körpers am aussagekräftigsten, so wie ein Orchester durch viele Instrumente seine Wirkung entfaltet.

Augen:

Die Augen sollen bekanntlich den Blick in die Seele offenbaren, so heißt es. Ob es die Seele ist, die Sie bei einem tiefen Blick in die Augen erkennen, kann ich Ihnen nicht sagen. Was ich Ihnen jedoch sagen kann, ist, dass die Augen eine Vielzahl an Ausdrucks-möglichkeiten beinhalten und wir eine Vielzahl an Mikrobewegungen und Zeichen durch sie preisgeben. Dazu gehört z. B. die Bewegung der Muskeln um die Augenpartie herum, die Intensität des Blickes, der Glanz in den Augen, die Erweiterung der Pupillen, die Qualität des Blinzelns und noch vieles mehr.

Pupillen

Bevor wir mit der Analyse der Pupillen beginnen, ist es wichtig zu wissen, dass Pupillen sich rein physiologisch den Lichtverhältnissen anpassen. Bei großem Lichteinfall verengen sich Pupillen, während sie sich bei geringer Helligkeit erweitern, um so die Umgebung besser wahrzunehmen. Ebenso verhält es sich, wenn wir etwas sehen, das wir begehren, das uns angenehm ist oder uns interessiert; eine schöne Frau, ein attraktiver Mann, unser Traumauto oder unser Haustier, das wir lieben. Die Erweiterung der Pupillen wirkt auf Menschen attraktiv und anziehend. Frauen, die sich ihrer Wirkung stark bewusst sind, wissen das und nutzen diese Tatsache für sich. Umgekehrt verengen sich die Pupillen, wenn wir abstoßende Eindrücke, feindselige oder negative

Gedanken hegen. Ebenso wirkt ein stechender Blick, der wie ein Laser das Schwarze im Auge des anderen fixiert, provozierend und drückt Konfrontationsbereitschaft aus. Das anhaltende Starren in die Augen des Gegenübers bei erwachsenen Männern ähnelt dem unreifen Kräftemessen eines halbstarken Vierzehnjährigen. Die einzige Regel: Wer zuerst wegblickt, hat verloren.

Augen senken

Ein bekanntes Beispiel aus der Körpersprache, das vor allem im Bereich der Verführung zur Anwendung kommt, besagt: Frauen, die nach aufgebautem Blickkontakt mit einem Mann die Augenlider nach unten senken, ordnen sich ihm unter. Falls die Frau dabei noch den Kopf zur Seite neigt, ist dies ein kaum zu übersehendes Signal, dass er gute Chancen hat, sie näher kennen zu lernen.

Augen zur Seite

Wandert der Blick zur Seite, versuchen wir eine Stellungnahme zu umgehen. Zwar holen wir uns die Information ein, doch vermeiden wir die Konfrontation, indem wir den Kopf und/oder die Augen zur Seite bewegen. Bleibt der Kopf zur Seite gedreht und bewegen sich nur die Augen zurück zum Gesprächspartner, zeugt dies von Täuschung. Als wir noch in der Schule waren, haben wir diese Technik nahezu perfektioniert: Erinnern Sie sich daran, als Ihr Lehrer eine Frage stellte und Sie unmittelbar zur Seite blickten, um die Information scheinbar unbemerkt von einer anderen Quelle einzuholen.

Augen zum Himmel

Ist uns die Antwort in solchen Fällen nicht seitlich durch das Fenster hereingeflattert, haben wir uns an die nächstgrößere Instanz gewandt. Und wo befindet sich diese? Ein kleiner Tipp: Es ist der Ort, an den sich – spätestens, wenn es eng wird – alle wenden. Richtig! Der Himmel. Sie schauen aufwärts in der Hoffnung, Ihnen möge die Antwort regelrecht »vom Himmel zufliegen«.

Haben Sie je in einer Prüfung gesessen und wussten eine oder vielleicht auch alle Fragen nicht zu beantworten? Wenn Sie überhaupt keine Antworten parat hatten, verspreche ich Ihnen, schauten Sie wahrscheinlich noch viel rascher Richtung Himmel als diejenigen, die nur eine Antwort nicht wussten. Ebenso richten wir die Augen gen Himmel, wenn wir am liebsten vom Erdboden verschwinden würden oder vergeblich etwas zu bewirken versuchen, doch letztlich unsere Aktivität resigniert einstellen.

Der Blick zum Boden

In einem vorigen Kapitel hatte ich bereits erwähnt, dass der Blick auf oder vor die Füße ein konventionelles Denken ausdrückt. Personen, die diese Blickrichtung wählen, orientieren sich aus der Erfahrung von früheren

Erlebnissen und scheuen neue Erfahrungen sowie Möglichkeiten. Sie argumentieren von sicherem Boden aus und erzählen stolz, welche Erfolge sie in der Vergangenheit schon eingefahren haben.

Augen weiten

Sobald sich die Augen einer Person weiten, spricht das für die Tatsache, dass die Person etwas wahrgenommen hat, das außerhalb ihrer gewöhnlichen Wahrnehmung liegt. Es ist ein Zeichen für gesammelte Aufmerksamkeit. Die Augen werden bei plötzlichen Geräuschen, einer unerwarteten Bewegung, einem Schreck oder einer Überraschung geweitet. Das geschieht, um mehr Informationen und Reize zu empfangen. Unsere Aufmerksamkeit ist geschärft und wir versuchen über unsere Sinne die mögliche Gefahr zu wittern. Die Augen dienen als Alarmstation und warnen uns vor einer möglichen Gefahr. Wird die Situation als *ungefährlich* eingestuft, entspannt sich der Körper rasch und die Augen gleiten in einen normalen Zustand zurück.

Augen verkleinern

Wenn hingegen die Augen schmaler werden, verlangt die Person oft auch nach weiterer Information. Doch diesmal möchte sie keine Ergänzung des Gesagten hören, sondern eine Vertiefung und Detaillierung der Information. Der schmalere Blick kündigt an: „Ich schmälere meinen Fokus; ich möchte eine ganz genaue Aussage, ein bestimmtes Detail hören." Nun besteht aber auch die Möglichkeit, dass sich Ihr Gegenüber auf sich selbst konzentriert und detaillierte Informationen in seinem eigenen Kopf sucht. Dann lassen Sie ihn für einen Moment in Ruhe seine Gedanken sortieren. Sobald sich seine Augenpartie wieder entspannt, können Sie davon ausgehen, dass er eine Antwort gefunden hat.

Augen schließen

Wir schließen die Augen in Situationen, in denen wir keine weiteren Informationen aufnehmen können und sagen damit: „Ich habe genug gehört oder gesehen. Mehr kann ich nicht aufnehmen." Gefällt uns nicht, was wir sehen, oder können wir den Anblick von etwas nicht mehr ertragen, schließen wir die Augen. Es gibt viele Varianten, die in Kombination mit dem Augenschließen auftreten – wie z. B. das Berühren der Augenlider während eines Gespräches. Hier versucht die betroffene Person, ihre negativen Emotionen zu beruhigen. Öffnen sich die Augenlider nach einem Verschließen nur langsam, deutet dies auf das Verbergen negativer Gefühle hin. Presst jemand seine Augenlider mit aller Kraft zusammen, ist das ein Hinweis auf starke negative Gefühle und ein eindeutiges Zeichen von Unbehagen.

Ein Auge zukneifen, ein Auge öffnen

Zieht eine Augenbraue nach oben, während das andere Auge leicht zugekniffen bleibt, drückt das eine gespaltene

Reaktion aus. Ein Teil sagt: „Ich glaube dir", während der andere Teil Skepsis ausdrückt. Es ist ein skeptischer Glaube, der aussagt, dass die Person mehr wissen oder erfahren möchte. Sie kauft Ihnen Ihre Aussage nicht zu einhundert Prozent ab. Möchten Sie Ihr etwas verkaufen oder Ihr Vertrauen gewinnen, so fügen Sie Informationen hinzu. Atmet die Person erleichtert auf, nickt beständig mit dem Kopf oder zieht abschließend beide Augenbrauen nach oben, um sie dann erleichtert zu senken, scheint Ihre Handlung Früchte zu tragen.

Zwinkern

Kneift Ihr Gegenüber ein Auge zu oder zwinkert damit, signalisiert diese Person Misstrauen oder Ungläubigkeit. Es ist der Ausdruck von Verschwiegenheit. Zwinkern Sie jedoch zurück, geben Sie ihm Ihr Einverständnis. Nonverbal verkörpern Sie damit: „Abgemacht, den Teil lassen wir außen vor." Es kann aber auch für Folgendes stehen: „Wir wissen beide darüber Bescheid und sind uns über das Ungesagte einig."

Ein Auge aufziehen

Sie erkennen dieses Zeichen auf Anhieb und haben es das eine oder andere Mal schon sicher erfolgreich selbst angewendet. Sie kneifen ein Auge zu, während Sie das andere Auge mit Ihrem Zeigefinger leicht aufziehen. Sie sagen damit Ihrem Gegenüber entweder sehr nett: „Mich kannst du nicht verarschen, Freundchen!" oder auch in einer eher verächtlichen Art: „Ich glaube dir kein Wort von dem, was du sagst!" Ob dieses Zeichen als charmant oder verächtlich von Ihrem Gegenüber empfunden wird, liegt natürlich auch am Kontext.

Erzählt Ihnen Ihr Chef während der Gehaltsverhandlung, dass er momentan keine Möglichkeit sieht, Ihnen mehr Gehalt zu bieten, da die wirtschaftliche Lage etwas angespannt sei, und zeigen Sie Ihrem Chef durch die oben beschriebene Geste Ihr Misstrauen, kann das sehr schädigend für Ihre Geschäftsbeziehung sein. Denn hat er damit etwas Wahres ausgesprochen und Sie haben es nur als eine Ausrede angesehen, unterstellen Sie ihm, dass er Sie anlügt. Achten Sie also darauf, in welcher Situation Sie sich wie verhalten.

Mund:

Aussagen wie die nachfolgenden sind zum Thema „Mund" äußerst geläufig. Beeindruckt stellt man fest: »Sie ist nicht auf den Mund gefallen« oder – entnervt von seiner Schweigsamkeit auf die Frage, weshalb er gestern erst um 2 Uhr morgens nach Hause kam – fordern Sie von Ihrem Mann: „Mach den Mund auf!" Hat er dann genug gesprochen und Sie wollen nun Ihre Ruhe, stöhnen Sie genervt: „Halt endlich die Klappe! Ich habe genug gehört." All das sind bekannte Redewendungen, die aufzeigen, wie eng die Mundregion, die in erster Linie für die Nahrungsaufnahme bestimmt ist, mit der Informationsaufnahme zusammenhängt. Äußern wir uns, wird das durch Aktivieren der Zunge sowie der Mund-Lippen-Muskulatur deutlich.

Mund öffnen

Bei der *Informationsaufnahme* reagiert der Mund ähnlich wie bei der Nahrungsaufnahme. Wenn Sie einen »großen Brocken« zu schlucken haben, weitet sich der Mund. Werden Sie in Staunen oder Schrecken versetzt, fällt Ihnen der Unterkiefer herunter, sodass Sie mehr *Informationen* aufnehmen können. Das ist gut bei Kindern wie auch bei Erwachsenen zu beobachten, wenn sie in einer Zaubershow zu Gast sind. Sie können beim besten Willen nicht begreifen, wie der Zauberkünstler sein Kunststück vollbracht hat, und versuchen mit offenem Mund, mehr Informationen zu sammeln, um es herauszufinden.

Mund schließen

In Momenten, in denen der Unterkiefer herunterhängt, verlangsamt sich das Denken zunehmend. Unsere Konzentration steigt hingegen deutlich an, sobald wir den Mund wieder schließen. Überforderte Menschen, die es schwer haben, die Realität zu verarbeiten, gehen nicht selten mit hängendem Unterkiefer durch die Welt.

Zunge:

Wann pressen Sie die Zunge gegen Ihren Gaumen? Wenn Sie etwas Köstliches verspeisen oder angenehmen Geschmacksreizen ausgesetzt sind. Das Schmatzen ist der

Versuch, die Geschmacksnerven zu stimulieren.

Zunge herausstrecken

Andererseits schieben wir mit der Zunge auch Essen im Mund hin und her, das uns überhaupt nicht bekommt. Was uns nicht bekommt, spucken wir mit ausgestreckter Zunge wieder aus. Auch Sekundärreize wie Gedanken, Empfindungen oder Argumente kosten wir bildlich mit der Zunge und schauen, ob sie uns »schmecken«. Strecken Sie also in einer Unterhaltung die Zunge heraus, tun Sie damit kund, dass Ihnen das Gesagte überhaupt *nicht schmeckt*. Es ist eine nonverbale Abweisung, die internationalen Bekanntheitsgrad erreicht hat.

Lippen ablecken

Lecken Sie sich hingegen mit der Zungenspitze die Lippen ab, scheint Ihnen etwas geschmeckt zu haben. Hat Ihnen jemand zum Beispiel ein reizendes Kompliment gemacht, schlecken Sie damit sozusagen die letzten Krümel des Genusses auf.

Ein unverkennbar erotisches Signal senden Sie aus, wenn Sie sich mit der Zungenspitze langsam die Lippen entlangfahren. Es signalisiert anderen Ihren sexuellen Appetit. Sie befeuchten dabei Ihre Lippen und verstärken somit den Glanz und die Sensibilität. Eine stärkere Durchblutung und Rötung der Lippen dient zusätzlich als erotisches Signal. *Rote Lippen soll man schließlich küssen.*

Das Befeuchten der Lippen sowie das Kauen auf der Lippe, an den Fingernägeln oder anderen Dingen (Bleistiften, Kugelschreibern etc.) können auch als Unsicherheit gedeutet werden und dienen der Selbstberuhigung. Achten Sie deshalb auf die Häufigkeit und andere Zeichen des *Wohlbefindens oder Unwohlseins*, um eine genaue Deutung anzustellen.

Lippen:

Das Öffnen der Lippen ist mit dem Schaffen der Möglichkeit gleichzusetzen, Nahrung oder Informationen zu uns zu nehmen. Schmeckt uns, was wir zu uns nehmen, sei dies Nahrung oder Information, ziehen wir unsere Mundwinkel nach oben. Wir bilden damit eine Schale, sodass uns nicht verloren geht, was uns schmeckt. Ziehen wir im Umkehrschluss die Mundwinkel nach unten, bieten wir dagegen die Möglichkeit, das Aufgenommene durch die Mundwinkel herausfließen zu lassen.

Zusammengepresste Lippen

Was machen Babys, die keine weitere Nahrung zu sich nehmen wollen? Sie pressen die Lippen zusammen und wenn die Mutter mit dem vollen Löffel ankommt, drehen Sie meist noch den Kopf weg. Analog dazu möchten wir das *Gesagte nicht annehmen*. In dieser Geste des Lippenzusammenpressens ist zu erkennen, dass dem Gesprächspartner womöglich harte Kritik oder Ablehnung bevorstehen. Zusammengekniffene Lippen sind häufig mimische Merkmale von Leuten, die stur und eigensinnig durch die Welt spazieren. Es ist kein Leichtes, mit ihnen ins Gespräch zu kommen und Informationen auszutauschen. Sie halten alles *unter Verschluss*. Menschen mit von Natur aus schmalen Lippen leiden daher oft unter den beschriebenen Vorurteilen – nicht immer zu Recht. Andererseits sind in der Geschäftswelt viele Menschen zu sehen, die im Laufe Ihrer Karriere immer schmalere Lippen bekamen. Das ist ein Zeichen für die anhaltende Stimmung, die sich über die Jahre hinweg durch zusammengepresste Lippen äußert.

Ein Genuss

Drücken wir das Gefühl von Genuss aus, spitzen wir die Lippen sanft, während wir einen weichen Blick aufsetzen. Oft begleiten wir diese Geste durch das Berühren von Daumen und Fingern und spüren somit einem intensiven Eindruck nach.

Ehrlich lächeln

Sie werden ein ehrliches Lächeln immer aus dem *Zusammenspiel der Augen- und Mundmuskulatur* erkennen. Wenn sich nur die Mundwinkelnach oben bewegen, haben Sie es mit einem trügerischen Lächeln zu tun, das lediglich aufgesetzt ist. Entdecken Ihre Augen etwas, das Ihnen gefällt, erweitern sie sich und scheinen eine Art Glanz zu entwickelt, während der Mund gleichzeitig in Freude die *Schalenform* annimmt.

Haifische

Im Begrüßungsritual ist das Lächeln aufgrund der positiven Konnotation ein bekanntes Mittel geworden. Es zeugt von Wohlwollen. Doch genaues Hinsehen hilft Ihnen dabei, Ihr lächelndes Gegenüber richtig einzuschätzen. Im Geschäftsleben konnte ich viele verschiedene Menschen beobachten, die alle ihre eigene Art des Begrüßungslächelns entwickelt haben.

Zeigt jemand beim Begrüßen z. B. seine Zähne in Verbindung mit einem breiten Lächeln, deutet dies verstärkt auf *Überlegenheitsdenken* hin. Es sagt so viel aus wie: „Ich könnte dich beißen, aber ich benutze meine Zähne nicht, weil du mir ein gutes Gefühl schenkst." Achten Sie diesbezüglich einmal besonders auf Geschäftsführer, Vorstände, Wirtschaftsbosse und Menschen mit einem Ego so groß wie die Antarktis. Ich werde keine Namen nennen, aber denken Sie doch dabei einmal an den aktuell wohl bekanntesten Präsidenten.

Arme, Hände und Finger

Die Arme und Hände sind zum einen Instrumente, mit denen wir etwas an- bzw. umfassen und ergreifen wollen, und zum anderen dienen sie dem Schutz des Körpers. Heben wir die Arme hoch, brauchen wir das Vertrauen und die Sicherheit, dass uns niemand schaden möchte. *Eine aktive Schutzhaltung* demonstrieren wir am besten mit dem Ballen der Faust, denn mit Ausfahren des Armes sind wir in der Lage, unseren Gegner zu schlagen oder anzugreifen. Die Faust kann auch als Werkzeug benutzt werden, um Fenster, Gegenstände oder andere Objekte zu beschädigen.

Der defensive Schutz drückt sich oft durch zwei Varianten aus. Erstens: Die Arme bleiben am Körper und versuchen ihn damit zu decken. Oder zweitens: Arme und Hände dienen als Schutzschild über dem Kopf mit hochgezogenen Schultern. Der Ellenbogen dient als Verteidigungswaffe und symbolisiert Abwehr. Besitzbehauptung, Dominanzverhalten und Seitenschutz wird ausgedrückt durch einen breiten Stand, die Arme an die Hüften gestemmt und die Ellenbogen drohend nach außen gerichtet. Kinder in der Trotzphase sind ein wunderbares Beispiel dafür.

Die Bewegung der Arme korreliert mit dem emotionalen Zustand, weshalb dieser Bewegung eine besondere Aufmerksamkeit entgegengebracht werden sollte. Die Energie der Gefühle, die durch unseren Brustkorb fließt, mobilisiert im weiteren Verlauf die Motorik der Arme. So zeigen sich bei gefühlsoffenen Menschen oder bei Menschen, die über einen großen naturgegebenen Freiraum verfügen, eher ausladende und weitläufige Bewegungen der Arme als bei Menschen in industriellen Ländern, wo die Oberarme dicht am Körper gehalten werden. Vornehme Internate und auf Etikette bedachte Familien brachten Kindern als Disziplinarmaßnahme oft bei, am Esstisch mit Büchern unter den Armen zu speisen. Denn: Es gilt als vornehm und gesittet, beim Essen die Arme anzuheben und nicht am Tisch aufzustützen. Durch das Hemmen der Bewegungsfreiheit der Arme unterdrückt man jedoch auch die Gefühle der Betroffenen, die sich dadurch keinen Ausdruck mehr verschaffen können. Dieses Bild gleicht dem einer Marionette. Man bekommt ein Zwangskorsett angelegt, innerhalb dessen man sich nur in bestimmten (erzogenen und antrainierten) Richtungen bewegen kann.

Beide Oberarme

Möchte ein Mensch handeln, benötigt er dafür nicht nur seine Hände, sondern auch die Beweglichkeit der Arme. Herunterhängende Arme, die passiv erscheinen, zeigen Ihrem Gegenüber ein sparsames Verhalten in puncto Handlungsbereitschaft. Womöglich fühlt sich die betreffende Person auch innerlich sehr gelähmt, was die äußere Haltung ihrer Arme bestätigt.

Linker Oberarm

Zieht jemand den linken Oberarm (Herzseite) eng an den Körper und lässt keinen Spielraum zu, versucht diese Person damit zu vermeiden, ihre Gefühle preiszugeben. Sie scheut den Austausch und die Äußerung von Gefühlen und behält sie lieber bei sich – wie den Arm selbst.

Rechter Oberarm

Der rechte Oberarm steht für Entscheidungskraft. Wird dieser Arm am Körper fixiert, weist dies auf Entscheidungsprobleme bei konkretem und sachbezogenem Handeln hin.

Der Klassiker »verschränkte Arme«

Lassen Sie uns das am meisten missinterpretierte Signal in der Körpersprache einmal näher betrachten. Zunächst wirkt das Verschränken der Arme wie eine Abwehrhaltung. Auch hier ist wichtig, alle anderen Aspekte mit zu berücksichtigen, bevor wir urteilen. Zieht jemand zum Beispiel dazu noch die Schulter hoch und drückt das Kinn hinunter, so kauert sich der Körper ein und weist somit deutlich auf eine Verteidigungshaltung hin.

Sind hingegen nur die Arme verschränkt und die anderen Aspekte tauchen nicht auf, deutet dies auf ein Fehlen von Aktivitätsbereitschaft hin. Denn wie Sie bereits wissen, setzen die Aktivitätsströme von der Brust aus Bewegung in Gang. Menschen, die zu handeln gewohnt sind, aber nun eine Aufgabe weiter- oder abgeben müssen, neigen dazu, die Arme vor dem Körper zu verschränken. So sperrt sich diese Person nicht anderen gegenüber, sondern hält mit den verschränkten Armen lediglich die eigene Aktivität zurück. Hört jemand Ihren Worten aufmerksam zu und möchte verhindern, Ihnen ins Wort zu fallen, begibt er sich ebenfalls entspannt in diese Haltung. Dies ist als positives Zeichen zu deuten, denn die Person hört Ihnen mit den restlichen Sinnen aufmerksam zu, indem sie Ihre eigene Aktivität sperrt.

Arme hoch

Die Hände und Arme nach oben streckt nicht nur jemand, der mit einer Pistole bedroht wird, obgleich es ein typisches Zeichen für „sich ergeben" ist. Wir reißen die Arme auch ruckartig hoch, wenn wir vor etwas zurückschrecken, etwas nicht anfassen, fallen lassen oder von uns weisen wollen. Dabei kommt es wieder darauf an, die Nuancen zu beachten: Wie hoch ragen die Arme in die Luft? Wie weit sind die Oberarme vom Körper entfernt? Sind die Finger dabei gespreizt oder geschlossen?

Hände:

Die Hände sind die Werkzeuge, mit denen wir die Welt »begreifen«, »erfassen«, »erspüren«. Es ist das Bindeglied zwischen der Vorstellungskraft und der Umsetzung der Gedanken. Mit unseren Händen bringen wir Gedanken in Form. Sie geben uns die Möglichkeit, Aussagen präzise zu verdeutlichen, und sind wichtiger Bestandteil unseres täglichen Erlebens. Ein Mensch, der kaum mit seinen Händen kommuniziert, wirkt sehr ermüdend und eintönig. So jemand wird selten imstande sein, eine Gruppe von sich zu überzeugen. Es gibt grundsätzlich zwei Grund-haltungen: Die *offene Hand* und die *zudeckende Hand*.

Offene Hand

Die geöffnete Hand demonstriert Vertrauen, Friedfertigkeit und die Bereitschaft, wohlgesonnen zu handeln. Die Innenseite ist deutlich sensibler als der Handrücken. Durch Offenlegung der Handfläche kann eine Person ihre Empfindsamkeit oder ihre Empfindungen nicht verstecken. Es ist eine Geste des freien Gebens und Nehmens, die auch durch Symbole des Segnens und der Fürbitten bekräftigt wird. Wer ein Gegenstand, ein Geschenk oder auch ein Argument mit offenen Händen darlegt, wirkt *vertrauenswürdig* und angenehm. Zudem signalisiert die offene Handschale *Kooperation* sowie die Bereitschaft Gegenargumente anzunehmen. Die offene Hand symbolisiert immer eine Einladung oder einen offenen Austausch, die einem anderen die freie Entscheidung offenlässt.

Zudeckende Hand

Wer seinen Handrücken nach außen kehrt oder die Innenseite nach unten wendet, der deckt seine empfindsame Seite gegenüber seiner Außenwelt ab. Sind die Handrücken während eines Gespräches dauerhaft zum Gegenüber gerichtet, versucht die Person entweder etwas zu verbergen oder die eigenen Gefühle zurückzuhalten. Eine vergleichbare Bedeutung zeigen Hände, die auf dem Tisch, den Schenkeln oder der Sessellehne liegen. Eine Variante davon ist die von oben nach unten gerichtete Bewegung, die durch die verdeckte Hand eine »imaginäre Gegenbewegung, ein Gegengewicht oder Gegenargument« zu unterdrücken versucht. Diese

Bewegung ist ein deutliches Dominanzverhalten und zum Beispiel in Reden von Politikern zu beobachten. „Drückt" der Redner den Beifall oder die Missfallenskundgebungen per Hand nach unten, zeigt er damit, dass er die Menge beruhigen und beschwichtigen möchte, doch nur um selbst wirkungsvoller und dominanter zu erscheinen. Dreht er hingegen die Handinnenflächen in derselben Gebärde nach oben, so ist das eine suggestive Geste, die Zustimmung und lauten Beifall hervorrufen soll.

Dominantes Schulterklopfen

Apropos Dominanzverhalten: Das anerkennende Schulterklopfen, bei dem eine Person der anderen die Hand von oben auf die Schulter legt, erweist sich als höchst doppeldeutiges Zeichen. Es birgt wie das dominante Schulterklopfen zugleich eine Zurechtweisung, die hochmütig sagt: „Gut gemacht – fast so gut, wie ich es könnte. Aber bleib schön unten auf dem Platz, wo du stehst." Und auch die Tatsache, dass die Hand von oben aufgelegt wird, besagt: „Ich stehe über dir und halte dich unten."

Freundschaftliches Schulterklopfen

Klopfe ich jemandem seitlich an die Schulter oder den Arm, so wende ich ihm die offene Hand zu und bekunde damit im Ansatz eine Umarmung, die wohlgesonnen ist. Strecke ich dabei die andere Hand aus und lasse sie beispielsweise zu einem Stuhl weisen, so kann dies wiederum als Dominanzverhalten gedeutet werden, das der anderen Person den Platz weisen soll.

Klammern

Krallt oder klammert sich jemand an Gegenstände oder an Körperteile, ist das ein deutliches Zeichen von Unbehagen oder gefühlter Bedrohung. Analog dazu halten und klammern sich Menschen auch an Titeln, Ämtern und Gewohnheiten fest, die sie nicht loslassen wollen – aus Angst, ins Leere zu fallen und Ihre Identität zu verlieren, die Sie mühevoll jahrelang aufgebaut haben.

Streicheln

Berührt oder tangiert uns ein Gespräch, so versuchen wir, die sensitive Wirkung zu erhöhen: durch Streicheln der Handflächen mit den Fingerspitzen oder indem wir einen Stift zwischen Daumen und Zeigefinger hin und her rollen Das Streicheln drückt den Wunsch aus, die andere Person intensiver zu spüren und ihre Zuneigung zu gewinnen. Wenn ich während eines Gesprächs einen Gegenstand streichle, vermittle ich dadurch dem anderen den Wunsch nach Zärtlichkeit.

Beschreibung mit den Händen

Lange bevor es Sprache und Schrift gab, verständigten sich die Menschen durch Zeichensprache. Sie malten und ritzten in den Boden, auf Wände und andere Gegenstände, um ihre Gedanken möglichst präzise auszudrücken. Da unser rein verbales Rüstzeug sehr beschränkt ist und wir vieles nicht genau beschreiben können, bedienen wir uns auch heute noch der unterstützenden und ergänzenden Symbolik der Handzeichen. Manchmal genügt schon eine kleine Handbewegung und der Andere weiß, was gemeint ist. Probieren Sie es selbst aus: Wählen Sie einen beliebigen Gegenstand oder eine besondere Erfahrung und beschreiben Sie diese(n) jemandem nur vermittels der Worte. Dann wählen Sie etwas Anderes und beschreiben es mit Ihren Händen. Beobachten Sie, wie viel einfacher alles erklärt werden kann. Eine Wendeltreppe mit Worten zu erklären, kann buchstäblich Minuten in Anspruch nehmen, während die meisten durch eine kleine Handbewegung bereits alles verstanden hätten. Wenn einfach gestrickte oder angeheiterte Männer in Gesellschaft über Frauen sprechen wollen, aber wissen, dass sich (ihre) Frauen in Hörweite befinden, greifen sie (wortwörtlich) zu Handbewegungen: Sie modellieren per Hand und bestenfalls unbemerkt, welche Formen und Umrisse die Brust, Taille und Hüfte der betreffenden Dame aufweisen.

Fingerzeig

Weisen die Finger einer Hand direkt in den geöffneten Handteller der anderen Hand, bedeutet das: »Ich habe die Erwartung, etwas zu bekommen.« Dieselbe Erwartung drückt sich auch häufig beim Klatschen der einen Hand (Handrücken oder Handfläche) in die nach oben geöffnete andere Hand aus. Sie kennen das vielleicht aus dem Alltag. Es fragt jemand, wie er Sie bezahlen soll, und Sie sagen: „Cash Kralle" und klatschen sich dabei wie oben beschrieben in die Hand. Damit drücken Sie auf saloppe Weise aus: »Nur Bares ist Wahres.«

Hände reiben

Reibt sich jemand angeregt oder triumphierend die Hände, reflektiert das seine Stimmung. So eine Person fühlt sich meist zufrieden und wohl. Nicht ohne Grund reiben sich Geschäftsleute nach einem Kaufabschluss oder nach getaner Arbeit glücklich die Hände. Eine andere Lesart stellt das Reiben der Hände dar, wenn wir einen Entschluss gefasst haben und bereit sind, zur Tat zu schreiten. Und in manchen Fällen zeugt das Reiben der Hände auch von Schadenfreude. Letzteres sieht man beispielhaft zum Glück meist nur in Filmen.

Finger an der Stirn

Falls Sie jemanden dabei beobachten, wie er seinen Kopf auf die Finger stützt oder seine Stirn und Schläfen mit den Fingern reibt, versucht diese Person meist, ihre Gedanken anzuregen. Dies kann von einem leichten Druck des Zeigefingers, der sanften Kontakt zur Schläfe pflegt, bis hin zu unruhigem und kräftigem Reiben reichen. Bei Letzterem ist es wiederum ein Zeichen von Unbehagen. Oft stehen die Personen in diesem Fall unter Stress oder müssen eine bestimmte Arbeit schnell abliefern und wissen, dass ihnen die Zeit wegläuft.

Brillenfinger

Menschen, die mithilfe der Finger eine Brille formen, tun dies in der Absicht, eine Sache besser zu *durchschauen*.

Nasenfinger

Führt oder hält jemand während einer Unterhaltung oder wenn er in Gedanken ist, seinen Zeigefinger an die Nasenspitze, wird er eine bestimmte Sache gerade kritisch reflektieren.

Pistole

Falls jemand seine Hände zu einer Pistole formt, den Daumen dabei aufwärts spannt, die übrigen Finger nach hinten zum Handballen richtet und einen oder zwei Finger nach vorne zeigen lässt, ist das als unübersehbares Zeichen der Bedrohung zu bewerten. Die Aggressivität, die durch dieses Bild hindurch scheint, ist jedem sofort klar.

Fingerdach

Drückt eine Person die Fingerspitzen der einen Hand gegen die Fingerspitzen der anderen Hand, entsteht eine Art Dach oder Pyramide. Diese Fingerstellung weist auf eine erhöhte innere Spannung hin. Das muss allerdings kein Zeichen von Unwohlsein bedeuten. Oft nutzen Personen diese Fingerhaltung, um konzentriert zu bleiben. Diesem Beispiel vergleichbar ist die »Merkel-Raute«, die ebenfalls Konzentration und Zentriertheit suggeriert. Durch das Halten der Hände am Zentrum des Körpers wird diese Wirkung noch verstärkt. Zeigt die Spitze des Daches nun zu Ihrem Gegenüber, wirken die Hände wie der *Bug eines Eisbrechers*. Und Sie können sich zwischenzeitlich sicher vorstellen, welche Wirkung das ganz unbewusst auf ein Gegenüber hat, das sich mit dieser Geste konfrontiert sieht. Sie werden im Laufe unseres Trainings noch lernen, wie Sie das »Eis« zwischen sich und Ihrem

Gesprächspartner auf filigranere Weise brechen können.

Sanfte Pyramide
Berühren sich die Fingerspitzen beider Hände nur zart und tastend, so kommt das einem Suchen nach *Berührungspunkten* und Abwägen der gemeinsamen Interessen gleich. Es zeigt sich in diesem Verhalten eine Bereitschaft zur Einigung.

Die Hand vor den Mund
Bei schockierenden Bildern oder Erlebnissen führen wir oft die Hand oder die Hände vor den Mund. Zum einen halten Sie damit Ihre Worte zurück, zum anderen verhindern Sie, dass Sie ungewollte Laute von sich geben.

Hand im Nacken
»Mit einer Hand im Nacken kriegst du nichts gebacken.« Führen wir eine Hand in den Nacken, um diesen zu reiben oder zu kneten, fühlen wir uns meist sehr unbehaglich. Wir schützen damit den Hinterkopf und versuchen, die Last im Nacken zu vertreiben.

Finger zwischen Hals und Kragen
Leute »reden sich um Kopf und Kragen«. Quizfrage: Redet sich eine Person um Kopf und Kragen, die sich eher wohl oder eher unwohl fühlt? Die Antwort ist: Die Person fühlt sich natürlich unwohl, eingeengt und verlangt nach mehr Raum und Luft, deshalb zieht sie sich den Kragen vom Hals.

Finger:

Daumen

Der Daumen gilt als *Dominanzfinger*. Schon im Römischen Reich nutzte der Imperator den Daumen, um über Leben oder Tod der Gladiatoren zu entscheiden. Dank Facebook gelangte der (Like-/Dislike-)Daumen zu unvorstellbarem Ruhm. Der Daumen steht in der heutigen modernen Gesellschaft im aufgerichteten Zustand für »Gefällt mir« und nach unten gerichtet für »Gefällt mir nicht«. Auch wenn man Sie fragt, wie es Ihnen geht und Sie keine Möglichkeit haben, das verbal auszudrücken, weil es a) die räumliche Entfernung nicht zulässt oder b) Ihr Zahnarzt Ihnen in der Mundhöhle herumbohrt, so können Sie durch ein kurzes Zeichen Ihres Daumens ein *gefällt mir* oder *gefällt mir nicht* kundtun.

Aufgerichtete Daumen

Es gibt eine Vielzahl an Mischformen dieser Art. Lassen Sie uns der Einfachheit halber die Daumenbewegung in zwei Kategorien einteilen:
1.) Der Daumen ist angehoben.
2.) Der Daumen wird versteckt.
Der angehobene Daumen ist ein Zeichen von Ich-Bezogenheit, Selbstüberzeugung und Dominanz. Egal in welcher Position sich die Hände befinden, sobald Sie die Daumen herausragen sehen, können Sie davon ausgehen, dass die betreffende Person versucht, das Gespräch an sich zu reißen. Eine solche Person möchte ihre Leistungen

anpreisen und ihren Dominanzanspruch aufrecht halten.

Abgesenkte Daumen

Umgekehrt gilt: Verstecken sich die Daumen in der Umklammerung der restlichen Finger, würden sich am liebsten auch die Besitzer der Daumen selbst verstecken. Es ist ein Zeichen von Angst, aber eben auch von Unsicherheit oder Unterwerfung.

Zeigefinger

Der Finger der »Besserwisser« ist der sensibelste unter den Fingern. Möchten wir jemandem ein Objekt zeigen oder ihn oder sie in eine Richtung weisen, bedienen wir uns der ganzen Hand. Nur wenn wir auf etwas ganz besonders und nachdrücklich hinweisen wollen, benutzen wir den Zeigefinger. *Wissen ist Macht und Besserwissen macht überheblich.*

Mittelfinger

Er ist der größte unter den Fingern und damit steht er als Symbol für unsere Selbstbetrachtungsweise. Wir erhoffen und wünschen uns von anderen die Aufmerksamkeit, die wir uns selbst am liebsten schenken. Berühre oder betone ich diesen Finger oder fasse ich ihn gar mit der anderen Hand an, mache ich auf meinen Wunsch nach Anerkennung und Lob aufmerksam. Doch die wohl bekannteste (vulgäre) Bedeutung des Mittelfingers ist und bleibt der erhobene Mittelfinger als Zeichen der

Respektlosigkeit, Verachtung und Zurückweisung. Wenn wir nach Worten suchen, die diese Gestik treffend beschreiben, dann würden wir wohl Antworten wie: „du kannst mich mal" finden.

Ringfinger

Dieser Finger steht für unsere Gefühle. Der Gefühlsfinger hängt eng mit unserem *Ich* zusammen und bewegt sich daher auch meist mit dem Mittelfinger gemeinsam. Der Ehering gilt als wohl bedeutendstes Symbol, das mit dem Ringfinger in Verbindung gebracht wird. Obwohl er am Gefühlsfinger getragen wird, trägt er bedauerlicherweise nicht immer zu einem gefühlvollen Miteinander bei.

Kleiner Finger

Der kleine Finger wird auch als Gesellschaftsfinger bezeichnet. Hält man den kleinen Finger beim Trinken beispielsweise etwas abgespreizt, so möchte der Besitzer dadurch signalisieren: „Ich gehöre auch zur feinen Gesellschaft." Manche neureichen Leute strecken bei dem Versuch, zur elitären Adels-gesellschaft dazuzugehören, Ihren kleinen Finger so hoch, dass er anderen fast die Augen aussticht.

Die Reise durch die Welt der Körpersprache ist damit fürs Erste beendet. Wir sind nun von der natürlichen Haltung beim Stehen, Gehen und Sitzen bis zum kleinsten Blinzeln der Augen einmal quer durch den Körper gereist und haben die wichtigsten Signale der Körpersprache benannt und interpretiert.

Würden Sie inzwischen behaupten, Sie fühlen sich nun schon etwas sicherer, was das Lesen von Menschen betrifft? Ich bin überzeugt davon. Und ich glaube, dass Sie Ihre Fähigkeiten allein schon durch das Lesen dieses Kapitels deutlich verbessert haben. Und wie fühlt sich der Gedanke an, nur durch Beobachtung eine Vorstellung davon zu bekommen, was im Kopf Ihrer Mitmenschen so vor sich geht? Ihre Haltung, dieses Buch bis zu diesem Abschnitt zu lesen, zeugt jedenfalls von großem Ehrgeiz und Interesse. Dass Körpersprache in solch einem Umfang hin und wieder auch etwas trocken wirken kann, ist mir durchaus bewusst. Bleiben Sie ambitioniert und strebsam und Sie ernten schon bald die süßen Früchte des Erfolgs!

Niemand, der anfängt sich mit Körpersprache zu beschäftigen, wird innerhalb einer Woche zum absoluten Menschenkenner, der schon durch einen kurzen Blick auf einen Menschen die Farbe von dessen Unterwäsche erkennen oder in Sekunden-schnelle eine detailgenaue Persönlichkeitsanalyse hervorzaubern kann. All das ist meiner Meinung nach zu Beginn auch gar nicht so wichtig. Ich möchte Ihnen viel lieber das Konzept von *Wohlbefinden und Unbehagen* vermitteln. Denn dieses ist nicht nur sehr einfach und wirksam, sondern es macht zudem die ganze *nonverbale Kommunikation* erlebbar.

Sie haben in einem Gespräch, in dem Ihr Gegenüber Ihnen die »Geschichte vom Pferd« erzählt, nicht immer die Zeit, sich zu fragen: „Zog er die linke Augenbraue nun höher als die rechte? Oder war es doch die linke? Und war das nun ein Zeichen, dass er gute Gefühle hat oder war das doch was anderes?" Sie merken schon, worauf ich hinausmöchte.

Wenn Sie nur eine *einzige Sache* aus diesem ganzen Buch mitnehmen, dann würde ich mich freuen, wenn Sie das *»Modell von Wohlbefinden und Unbehagen«* mitnehmen würden. Wir können oft viel spontaner und schneller einordnen, ob sich jemand behaglich oder unbehaglich fühlt, als dass wir genau definieren könnten, ob das Blinzeln nun auffällig war oder nicht. Wenn wir imstande sind, diese Einordnung zuverlässig zu machen, können wir anfangen, im Gegenüber Wohlbefinden zu erzeugen.

Fangen Sie damit an, aufmerksamer zu sein und eventuell Fragen zu stellen, die der anderen Person die Möglichkeit geben, sich zu manchen Themen ausführlicher und umfassender zu äußern. Oft möchte eine andere Person auch nur gehört werden. Fangen Sie an, in persönlichen und beruflichen Beziehungen dieses Konzept anzuwenden, und Sie werden spüren, wie sich die Kommunikation und die gesamte Beziehung verbessert. Falls Sie ein Mensch mit besonderer Neugier, besonderem Eifer und besonderem Interesse sind, möchte ich Ihnen die

Chance bieten, das ganze Spektrum der nonverbalen Kommunikation zu erfahren und ihren unvorstellbaren Nutzen zu erleben. Hierfür möchte ich Ihnen einen Trainingsplan an die Hand geben.

Aus der Welt der Fitness wissen wir schon lange, dass wir durch einen effektiven Trainingsplan deutlich bessere Ergebnisse erzielen können als durch ein unregelmäßiges Training, das von der Stimmung des jeweiligen Tages abhängig ist. Die gute Nachricht ist: Das macht mehr Spaß, als Sie vielleicht anfangs glauben würden. Und die zweite gute Nachricht ist: Es wird Ihr Leben um so viel bereichern, dass Sie es sich noch gar nicht vorstellen können. Vielleicht fragen Sie sich nun: „Weshalb sollte die Fähigkeit, Menschen etwas besser lesen zu können, mein Leben derart bereichern?"
Als Antwort darauf möchte ich Ihnen abschließend eine kleine Auflistung von Vorteilen an die Hand geben, die sich durch ein Erlernen dieser Fähigkeit einstellen können.

Es bereichert Ihr Leben, weil …

- Das Lesen *von* Menschen Sie sicherer im Umgang *mit* Menschen macht.
- Sie durch diese Fähigkeit in der Lage sind, auf alle Situationen passend und gelassen zu reagieren.

- Sie in wichtigen Gesprächen, Verhandlungen und Ähnlichem nun souverän und selbstsicher auftreten können.

- Ihre Fähigkeit *Wohlbefinden und Unbehagen* zu erkennen, Ihnen zugleich auch ermöglicht, wieder Wohlbefinden zu erzeugen, falls dieses nicht vorhanden ist.

- Die Kenntnisse der *Körpersprache* Ihnen ein tiefes Verständnis für Menschen gibt und erklärt, weshalb diese sich so verhalten, wie sie sich verhalten oder was sie im Kern bewegt.

- Das richtige Deuten von Verhalten und Signalen auch eine Möglichkeit beinhaltet, einfach *Mitgefühl* für eine andere Person und ihre Geschichte zu empfinden.

- Sie durch Erkennen der Körpersprache von anderen Menschen Ihre eigene Körpersprache besser beobachten und verstehen können.

- Sie nun in der Lage sind, Ihre Körpersprache so zu verändern, dass Sie ein Bild von sich geben, das Ihren höchsten Vorstellungen entspricht.

Den Trainingsplan für nonverbale Kommunikation mit Schwerpunkt Körpersprache finden Sie im Kapitel »Der ultimative 6-Wochen-Trainingsplan«.

Nonverbale Kommunikation im Job

Der erste Augenblick

Die Begrüßung wird in verschiedenen Kulturen unterschiedlich vollzogen. Während in Asien und Afrika der direkte Augenkontakt bei der Begrüßung als unhöflich gilt, gehört er in unserer westlichen Kultur ganz selbstverständlich dazu. Bevor wir uns überhaupt die Hand reichen oder verbeugen, hat unser Gehirn bereits nach dem ersten Augenkontakt eine grobe Einschätzung der anderen Person getroffen. Für den *ersten Eindruck* haben Sie bekanntlich keine zweite Chance.

Im ersten »Augenblick«, in dem Sie eine Person betrachten, aktivieren sich ca. 100 Mrd. Nervenzellen in Ihrem Körper. Sie scannen innerhalb von zehn Millisekunden Ihr Gegenüber und ordnen die Person in eine Ihrer Schubladen ein. Sticht uns eine Person in einer Menschenmenge ins Auge oder trifft man gezielt eine unbekannte Person (z. B. beim Vorstellungsgespräch), geht der Prozess für 150 Millisekunden weiter und wir beurteilen zuallererst einmal, ob uns diese Person *sympathisch* ist oder nicht. Sobald eine Person auf uns sympathisch wirkt, schreiben wir ihr automatisch Eigenschaften wie *Kompetenz* zu. Bei einem unsympathischen Eindruck unterstellen wir anderen Menschen gegenteilige Eigenschaften. Haben wir eine

Person einmal in eine ungünstige Schublade abgelegt, lässt sie sich nur schwer wieder herausholen. Wäre es somit nicht schön, Sie könnten bei Ihrer ersten Begegnung mit fremden Menschen steuern, dass Sie in deren »Sympathie-Schublade« landen? Stellen Sie sich vor, welche Vorteile sich daraus für Sie ergeben könnten.

Wir können bewiesenermaßen nicht vollständig beeinflussen, wie wir wahrgenommen werden, da die Wahrnehmung selbst sehr subjektiv ist. Jedoch ließ sich feststellen, dass ein aufrichtiges Lächeln (wobei die Augen mitlachen müssen) auf andere sympathisch wirkt.

Die Begrüßung

Oft wird die Begrüßung im Alltag wie auch im Beruf unterschätzt. Es handelt sich dabei jedoch oft um das erste Mal, dass sich zwei fremde Menschen einander körperlich nähern und sich dabei mit allen Sinnen wahrnehmen. Sie sehen, fühlen, riechen und hören einander. In unserer Kultur gilt der *Handschlag* nach wie vor als gängige Begrüßungsform. Dieses Ereignis hat oft massive Auswirkungen auf den weiteren Kontakt. Um das Modell von Wohlbefinden und Unwohlsein in der Begrüßung anzuwenden, müssen wir die Begrüßung unterteilen in die Kontaktaufnahme mit Frauen und die Kontakt-aufnahme mit Männern.

Haben wir aufrichtiges Interesse, eine dienliche Beziehung zu unserem Gegenüber aufzubauen, und ist diese Person männlich, so sollten wir uns dieser Person schräg nähern, nicht frontal. Sie werden feststellen, dass dies nicht immer möglich ist. Versuchen Sie in solchen Fällen, sich nach der Begrüßung leicht seitlich zu drehen. Es unterstützt ein kollegiales und vertrauliches Miteinander und bildet dadurch eine bessere Grundlage für spätere Interaktionen.

Umgekehrt sollten wir Frauen frontal begrüßen, da diese sich wohler fühlen, wenn man sich ihnen von vorne nähert. Frauen fühlen sich etwas angreifbarer und unwohler, wenn man sie von der Seite oder von hinten anspricht. Gehen Sie auch sicher, dass Sie der Frau bei der Begrüßung etwas mehr Raum lassen, und kommen Sie erst näher, wenn Sie spüren, dass sie sich dabei wohlfühlt. Bestenfalls warten Sie einfach, bis sie sich Ihnen von selbst annähert.

Die verschiedenen Handreichungen

Achten wir bei der Begrüßung auf die Hände, so können wir erspüren, wie sich der *Händedruck* anfühlt. Eigenschaften und Merkmale, die Hände bei der Begrüßung aufweisen können, sind zum Beispiel: warm, kalt, feucht, trocken, locker, fest, sehr fest oder zittrig; ferner lässt sich unterscheiden zwischen einem langen oder kurzen Händedruck sowie zwischen leichtem oder festem Schütteln. Diesbezüglich gibt es auch bekannte Varianten wie die »zerquetschte Hand« oder den »toten Fisch«. Schauen wir uns die verschiedenen Griffe einmal an.

Der offene Händedruck
Reichen sich zwei Personen die Hände, sodass beide Hände tief und fest ineinandergreifen und Kontakt zwischen den Handflächen herrscht, zeigen sich beide Gesprächspartner offen und bereit für eine Interaktion.

Der »tote Fisch«
Ein schwacher oder nicht vorhandener Händedruck weist erfahrungsgemäß auf Unsicherheit und geringes Selbstbewusstsein hin.

Der zaghafte Händedruck
Reicht Ihnen jemand nur die Fingerspitzen oder zieht seine Hand ruckartig wieder zurück, kann das auf ein Zeichen

von Misstrauen oder mangelnder Bereitschaft zur Kontaktaufnahme hindeuten. In Kombination mit einer laschen Körperhaltung zeugt dieser Händedruck von Vitalitätsmangel, Desinteresse oder Gleich-gültigkeit. Oft wirkt es für die andere Person wie Misstrauen oder Unsicherheit, begleitet von einem Gefühl der Ablehnung. Betrachtet Sie Ihr Gegenüber zudem auch noch von unten nach oben, verstärkt das die oben beschriebenen Anzeichen.

Schaffen Sie in so einer Situation zuerst Wohlbefinden oder finden Sie die Ursache heraus, bevor Sie in eine tiefgreifende Zusammenarbeit oder Interaktion treten. Sehr häufig wird dieser Händedruck bei Frauen beobachtet. Bedenken Sie besonders im beruflichen Kontext Folgendes: Wirkliche Handlungsbereitschaft sieht gewöhnlich anders aus – auch bei Frauen.

Der »Politikerhandschlag«

Die als *Politikerhandschlag* bekannte Handreichung, bei der Sie mit der freien Hand die greifende Hand Ihres Gegenübers von außen umschließen, ist sehr umstritten. Es gilt auf der einen Seite als wertschätzende Geste, die Respekt und Zuneigung signalisiert. Auf der anderen Seite kann kaum jemand der Geste etwas abgewinnen. Falls Sie Ihre positiven Gefühle dennoch in der Begrüßung zum Ausdruck bringen möchten, empfehle ich Ihnen, besser den Ellenbogen oder Oberarm Ihres Gegenübers anzufassen.

Die Hohlhand

Ergreift Ihr Gesprächspartner Ihre Hand so, dass ein spürbarer Hohlraum zwischen den Handflächen entsteht, möchte er nicht alles von sich preisgeben. Dieser Händedruck ist von Zurückhaltung und Vorsicht geprägt und sollte Ihnen ebenfalls Vorsicht signalisieren.

Der distanzierte Händedruck

Streckt Ihnen jemand die Hand mit ausgestrecktem Ellenbogen entgegen, möchte Sie diese Person auf Abstand halten. Oft neigen diese Personen ihren Oberkörper nach vorne, während ihre Füße hinten stehen bleiben. Der Eindruck des Entgegenkommens ist trügerisch, denn er blockiert auf diese Weise die freie Bewegung Ihres Oberarms und zwingt Sie somit zur Zurückhaltung.

Der besitzergreifende Händedruck

Zieht uns jemand während des Händedrucks zu sich, demonstriert er damit Überlegenheit, indem er besitzergreifend und dominant auftritt.

Die »führende Hand«

Kommt die Handfläche Ihres Gegenübers von oben (sodass dessen Handfläche Richtung Boden zeigt) oder drückt jemand Ihre Hand nach unten, möchte er eindeutig seine Dominanz ausspielen. Häufig sehen einen solche Leute obendrein noch mit langem und frontalem Blick an.

Falls Ihnen das auffällt, empfehle ich Ihnen, die Handstellung Ihres Gegenübers unmittelbar in eine neutrale Stellung zu drehen, sodass sich keine der Hände oben oder unten befindet. Damit revidieren Sie die Machtposition und ermöglichen eine Begrüßung auf Augenhöhe. Es kann sein, dass Ihr Gegenüber merkwürdig reagiert, denn Ihnen ist es selbst oft nicht bewusst, wie Sie Ihre Hand reichen. Da kann es für die betreffende Person befremdlich wirken, wenn Ihre Handposition plötzlich eine andere ist, als sie das gewohnt ist.

Starker Händedruck

Ein sehr kräftiger Händedruck baut eine Blockade auf. Es lässt sich aus einem solchen Händedruck herauslesen, dass die Person womöglich eine Unsicherheit überdecken möchte. Eine Frau signalisiert mit einem kräftigen Händedruck, dass sie „zupacken" und in einer Männerwelt mithalten kann. Aber auch Männer, die ihre Kraft und Macht demonstrieren wollen, konfrontieren Sie häufig mit einem solchen Händedruck.

Ein solches Verhalten ist indessen ein zweischneidiges Schwert: Zum einen wirken ihre Anwender selbstbewusst und dominant, zum anderen benötigt jemand mit echter Kompetenz keinen übertriebenen Händedruck – man kann also darauf schließen, dass diese Person etwas ausgleichen möchte, z. B. ein Minderwertigkeits- oder Unterlegenheitsgefühl auf geistiger bzw. intellektueller Ebene.

Der richtige Händedruck

Möchten Sie bei der Begrüßung im Rahmen eines Vorstellungsgespräches oder beim Kennenlernen eines Geschäftsmannes einen guten Eindruck hinterlassen, achten Sie auf eine *optimale Begrüßung*, die weder Dominanz noch Unterwürfigkeit signalisiert. Wir erkennen im Druck und beim Schütteln der Hände zudem das Maß an Vitalität, Gefühl und Sachlichkeit, das die andere Person besitzt und gibt.

Gehen Sie mit sicherem Schritt Ihrem Gegenüber entgegen und bleiben Sie im richtigen Moment stehen. Das bedeutet, dass Sie den Abstand etwas größer als eine Armlänge halten. Das ermöglicht eine gegenseitige Begrüßung ohne Stocken und Korrigieren der Standposition. In diesem Abstand ist es nicht möglich, eine andere Person überraschend zu attackieren und Sie halten dabei die individuelle Distanzzone ein. Ihre Hände treffen sich bei der Begrüßung idealerweise in der Mitte. Reichen Sie Ihre ganze Hand sowie die Handfläche und geben Sie einen angemessenen Händedruck, während Sie die Hand kurz und ruhig schütteln. Am besten spiegeln Sie den Händedruck Ihres Gegenübers! Falls der Händedruck des Gegenübers jedoch sehr entkräftet wirkt, drücken Sie ruhig ein wenig fester, um der anderen Person Sicherheit zu geben. Ziehen Sie ruhig ein wenig die Augenbrauen nach oben und falls Sie lächeln, dann bitte schön ehrlich. Es schafft eine angenehme Atmosphäre und schüttet zudem Glückshormone in Ihnen aus, die Sie in eine positive innere Gemütsstimmung versetzen.

Vorstellungsgespräch

Bei vielen Menschen löst der flüchtige Gedanke an ein Vorstellungsgespräch bereits eine Menge Stress aus. Nachdem Sie dieses Buch gelesen haben, hoffe ich Ihnen genügend Hilfsmittel und Informationen gegeben zu haben, um solche Situationen künftig souverän zu meistern. Ein Arbeitgeber hat in seiner Funktion als Vorgesetzter mehrere Punkte zu beachten. Darunter fällt nicht nur, ob sie persönlich miteinander klarkommen, sondern auch wie seine Kunden Sie wahrnehmen werden und ob Sie grundsätzlich ins Unternehmen passen. Ein guter Personaler weiß daher, welche Fragen er stellen muss, und ist bestenfalls in nonverbaler Kommunikation einigermaßen bewandert. Denn es gibt auch einige Bewerber, die sich und andere gut täuschen können. Doch letztlich hilft es Ihnen auch nichts, wenn Sie den Job bekommen und Sie überhaupt nicht mit den Werten und der Philosophie des Hauses klarkommen. Wenn Sie beide im Gespräch herausfinden, dass Sie nicht zueinander passen, ist es das Beste, getrennte Wege zu gehen.
Im Folgenden möchte ich Ihnen einige *Tipps* an die Hand geben, die Ihnen helfen, den ersten Kontakt erfolgreich zu meistern.

1. Wie auch bei einer Verhandlung fängt die eigentliche Arbeit bereits vor der Verhandlung an. Finden Sie alles über das Unternehmen heraus, das Sie ausfindig machen können. Sie sollten über alle wichtigen Kernpunkte und Daten des Unternehmens Bescheid wissen. Informieren Sie sich über aktuelle Projekte und sprechen Sie wenn möglich mit bereits eingestellten Mitarbeitern. Fahren Sie ruhig im Vorfeld an die Arbeitsstelle und beobachten Sie die Mitarbeiter. Wann fangen die Mitarbeiter an zu arbeiten? Wie motiviert sehen sie vor der Arbeit aus? Welchen *Kleidungskodex* gibt es dort? Passen Sie sich gegebenenfalls an den getragenen Kleidungsstil bei Ihrem Vorstellungsgespräch an.

2. Legen Sie sich einen *Fragenkatalog* an, auf den Sie bereits Antworten formulieren. Sei es, um eine Lücke im Lebenslauf zu erklären, oder um zu erklären, weshalb Sie sich speziell in diesem Unternehmen beworben haben.

3. „Aber die Kleidung und mein Aussehen sind hier jetzt nicht *so* wichtig, oder?", fragen Sie jetzt vielleicht. Und wie es das ist! Achten Sie genau aus diesem Grund besonders penibel darauf, dass Sie sich an den Kleidungskodex halten und gegebenenfalls etwas *overdressed* kleiden. Achten

Sie neben der passenden Kleidung auch auf die Sauberkeit und Pflege der Fingernägel, auf dezentes Make-Up, kaum oder gar kein Parfum und darauf, Tätowierungen sowie Piercings (je nach Branche) zu verdecken bzw. zu entfernen.

4. Lächeln, lächeln, lächeln. Wir hatten den Punkt bereits im Kapitel „Begrüßung" angesprochen. *Ein ehrliches Lächeln öffnet oft Türen.* Denken Sie stets daran.

5. Schenken Sie Ihrem Gegenüber *Aufmerksamkeit.* Bedienen Sie sich dabei der nonverbalen Kommunikation (aufrecht und leicht vorgebeugt sitzen, interessiert blicken).

6. Akzeptieren Sie den Chef und respektieren Sie sein Territorium. Falls es nicht offensichtlich ist, fragen Sie nach, wo Sie Platz nehmen dürfen.

7. Falls Ihnen etwas zu trinken angeboten wird, nehmen Sie es an. Zum einen beruhigt Trinken während eines Gesprächs, zum anderen wird Ihr Mund nicht trocken.

8. Stellen Sie zu Ihrem Gesprächspartner *Rapport und Vertrauen* her, indem Sie seine Haltung und Sprache dezent widerspiegeln. Sobald Sie Rapport hergestellt haben, können Sie langsam dazu

übergehen, in einer leicht schrägen Position zu Ihrem Gesprächspartner zu sitzen, da dies die Kommunikation fördert.

9. Vermeiden Sie den Kontakt zum Mobiltelefon. Am besten ist es, Sie haben Ihr Mobiltelefon vorher schon komplett ausgeschaltet. Wie peinlich wäre das Klingeln, falls Sie versehentlich vergessen haben, den Ton auszuschalten, und vor dem Führungskomitee aus Ihrem Handy dann die Melodie „I′m A Barbie Girl" herausplärrt.

10. Letztlich ist das Ziel der Vorbereitung immer, natürliches Selbstbewusstsein und Authentizität aufzubauen. Nehmen Sie eine innere wie äußere Haltung von Selbstvertrauen und Respekt sich selbst gegenüber ein. Denn so, wie Sie mit sich selbst umgehen, wird auch der Rest der Welt mit Ihnen interagieren. Wenn Sie sich gut vorbereitet haben, entspannen Sie sich und genießen Sie das Gespräch.

Sitzordnung

Bei Veranstaltungen und Meetings im Geschäftsleben werden die Sitzplätze akribisch und genauestens eingeteilt. Die Ordnung und Verteilung der Sitzplätze hat eine psychologische Komponente. Schon seit Urzeiten bestimmt die Sitzordnung Status und Hierarchie. So saß schon König Ludwig am langen Ende einer Tafel oder auf einem besonderen Stuhl, sodass er allen anderen höhergestellt war. Sitzt der Chef oder Gastgeber auf der langen Seite eines Tisches mittig, ist dies ebenfalls von Bedeutung. Dort werden gewöhnlich die danebenliegenden Sitzplätze der Hierarchie entsprechend verteilt. Direkt neben dem Chef oder Gastgeber sitzen die Personen mit dem nächsthöheren Status oder Rang und am weitesten entfernt die Person, die den niedrigsten Status besitzt. Machen wir uns also diese uralten Traditionen zunutze, um Sitzordnungen zu verstehen und gezielt zu deuten.

Strategische Sitzordnungen

Die Anordnung und Verteilung der Plätze sollte immer Ihren Zielen entsprechen. Können Sie über die Anordnung bestimmen, sollten Sie sich der Macht bewusst sein, die eine solche Sitzordnung ausdrückt.

Lassen Sie uns die Grundregeln besprechen:

Produktive Gespräche erzielen Sie am besten dadurch, dass Sie sich direkt neben Ihren Gesprächspartner setzen oder in einen 90-Grad-Winkel zu ihm. Bei Experimenten und im realen Leben konnte ich feststellen, dass die positive Atmosphäre und die Effizienz in Gesprächen deutlich nachlassen, sobald wir unserem Gesprächspartner frontal gegenüber-sitzen. Vermeiden Sie es unbedingt, Barrieren aufzubauen. Wenn Sie zum Beispiel an einem Schreibtisch sitzen und zusätzlich noch eine Aktenmappe oder einige Ordner zwischen sich und Ihr Gegenüber stellen, kann ich Ihnen garantieren, dass Sie gemeinsam auf keinen grünen Zweig kommen.

Eine *kooperative Atmosphäre*, die für eine gute Zusammenarbeit oft notwendig ist, schaffen Sie jedoch am besten, indem sie beide in dieselbe Richtung sehen. Das Gesprächsklima ist sehr angenehm, wenn Sie beispielsweise nebeneinander auf einer bequemen Couch sitzen. Selbst wenn Sie in einem 90-Grad-Winkel zueinander an einem Tisch sitzen, ist das oft noch vorteilhafter, als wenn Sie sich direkt gegenübersäßen.

Falls Sie sich an einen Tisch setzen, stellt sich oft die Frage: »Setze *ich* mich an das Kopfende oder soll bzw. will mein Gesprächspartner dort sitzen?« Wie schon in den obigen Zeilen beschrieben, entscheidet das oft schon die Hierarchieebene selbst.

Falls Sie der Chef vor Ort sind, können Sie es sich prinzipiell aussuchen. Doch es ist möglich, dass Ihr Gast innerlich erwartet, dass Sie als »Platzhirsch« auch an exponierter Stelle *Platz nehmen*. Möchten Sie jemandem besondere Aufmerksamkeit oder Wertschätzung zuteilwerden lassen, so können Sie dieser Person bewusst Ihren Sitzplatz anbieten. Falls Sie mehrere Personen sind, können Sie die in Ihren Augen wichtigste Person neben sich platzieren. Ihr Ziel sollte immer die Harmonie der Sitzordnung sein. Möchten Sie Wohlbehagen schaffen, so setzen Sie sich auf eine bequeme Couch nebeneinander oder setzen Sie sich in einen kooperativen Winkel an einen Tisch. Möchten Sie hingegen bewusst Distanz aufbauen oder in Ihrer Position bestimmend auftreten, bleiben Sie schön hinter Ihrem Schreibtisch und begegnen Sie Ihrem Gesprächspartner auf dieser Ebene.

Aktivieren Sie Ihr nonverbales Radar

Insbesondere in beruflichen Situationen, wenn Sie Menschen im Sitzen begegnen, sollten Sie achtsam mit nonverbalen Signalen umgehen. Nachdem Sie Ihre Vorbereitungen bezüglich der Sitzordnung und anderen geschäftlichen Aspekten getroffen haben, seien Sie nun wachsam und überlassen Sie nichts dem Zufall. Beobachten Sie Ihr Gegenüber im Gespräch (und auch schon bei der Begrüßung) und kundschaften Sie unauffällig Signale für Unbehagen aus, die auf mögliche

Probleme hinweisen. Achten Sie auch auf nervöse Gesten, die ein wichtiger Hinweis auf Unsicherheiten sein können. Sie fahren in Situationen, in denen es um hohe materielle Werte geht, mit den Grundlagen nonverbaler Kommunikation sehr sicher. Einen wichtigen Indikator stellen dabei die Beine dar. Im Stehen wirken gekreuzte Beine locker und entspannt. Das ist ein klares Zeichen von Behagen und Wohlbefinden. In dieser Position können Sie weder fliehen noch kämpfen, weshalb Sie nur in gefahrlosen Situationen so dastehen. In kreativen Runden sowie in beruflichen Gesprächen sind gekreuzte Beine, die sich an den Fußgelenken überschneiden, ein Zeichen von Entspannung.

Achten Sie auch bewusst auf überschlagene Beine. Die Richtung, in welche die Beine gekreuzt werden, sobald zwei Personen nebeneinander oder schräg nebeneinander sitzen, kann sehr aufschlussreich sein. So werden bei Sympathie oder vertrauensvollen Verhältnissen die Beine so überschlagen, dass der Unterschenkel des oben liegenden Beines in Ihre Richtung zeigt. Besteht jedoch eine angespannte Stimmung oder eine Reserviertheit bzw. Ablehnung werden die Beine oft so überkreuzt, dass der Unterschenkel des oben liegenden Beines von Ihnen weg zeigt.

Neueste Studien weisen darauf hin, dass wenn Sie mit mehreren Personen zusammensitzen oder Sie zwischen zwei Personen sitzen, die Sie beide sympathisch finden, so deutet das überschlagene Bein in den meisten Fällen in die Richtung des- oder derjenigen, die Sie am meisten mögen. Was nicht heißt, dass man die andere(n) Person(en) ablehnt.

Achten Sie besonders auch auf einen Wechsel des Beinüberschlags. Das kann ein Indiz für ein vorhandenes Problem sein oder eine Unstimmigkeit in Bezug auf Ihren Gesprächspartner bedeuten. Zu den Grundlagen nonverbaler Kommunikation zählt auch die Zu- oder Abwendung Ihres Gegenübers. Beobachten Sie genau, ob sich Ihr Gesprächspartner Ihnen zuneigt oder ob er sich zurücklehnt. Zudem möchte ich betonen: Achten Sie sorgfältig auf *Positionswechsel*. Diese vollziehen sich bei Ihrem Gesprächspartner unbewusst, sind dabei aber ein starker Indikator für Interesse und Zuneigung oder eben auch ein Zeichen von Unbehagen und möglichen Unstimmigkeiten.

Bedenken Sie, dass Ihr Gegenüber immer nonverbale Zeichen von sich gibt. Der Körper spricht immer, auch wenn die Person verbal nichts äußert. Deshalb müssen Sie gewissenhaft darauf achten, was Ihnen der Körper verrät. Diesen ununterbrochenen Strom an Informationen gilt es wahrzunehmen, zu filtern und dann entsprechend zu deuten. So können Sie das Gespräch souverän steuern und lenken.

Gespräche im Grenzbereich

Gesprächspartner, die aggressiv und angespannt sind, nehmen wir selbst ganz ohne bewusstes Körperlesen in dieser Weise wahr. Die Spannung in solchen Situationen kann man wahrlich fühlen. Leider entstehen in vielen Unternehmen und in Verhandlungen immer wieder solch unproduktive Stimmungen. Es ist kein Leichtes, mit einem derart angespannten oder aggressiven Kollegen oder Chef zu kommunizieren. Ihr eigenes Verhalten hängt in solchen Situationen stark von Ihrer persönlichen Position ab. Stehen Sie beruflich oder situativ auf Augenhöhe mit Ihrem Gesprächspartner, können Sie andere Methoden anwenden, als wenn Sie nur ein untergebener Angestellter sind. In solchen brisanten Situationen gibt es mehrere Möglichkeiten: Befinden Sie sich auf Augenhöhe mit Ihrem Gesprächspartner oder Verhandlungspartner, sollten Sie sich bewusst machen, dass Macht immer von Ihnen ausgeht. Das heißt: »An und für sich hat keiner Macht. Wir signalisieren jemandem unsere Macht oder wir nehmen sie uns.«

Wenn Sie beispielsweise von einem Verbrecher eine Pistole an die Schläfe gehalten bekommen und er Sie auffordert, ihm sofort Ihre teure Rolex zu geben, dann können Sie nun anmerken: »Welche Macht soll ich da noch haben?« Aber machen Sie sich klar, Sie haben Macht! Wenn Sie diesem Verhalten keine Bedeutung beimessen und sich nicht einschüchtern lassen, hat Ihr Gegenüber -im weitesten Sinne- überhaupt keine Macht über Sie. Sie könnten zum Beispiel Folgendes sagen: „Oh, wie schön, Sie kommen gerade gelegen. Ich hatte sowieso vor, mich heute umzubringen. Aber ich bin froh, dass Sie gekommen sind, denn das erleichtert mir das Ganze erheblich." Dann gehen Sie ihm furchtlos zwei Schritte entgegen und schließen dabei die Augen. Und dann rufen Sie: »Na los, schieß endlich! Dann wanderst du für Mord lebenslänglich in den Knast.« Ihr Gegenüber spürt, dass er keine Macht über Sie hat und wird schockiert und wortlos davonrennen und dabei innerlich noch fluchen, was für ein verdammtes Pech er doch immer hat – schließlich will er Sie ja nicht ermorden, sondern „nur" berauben.

In Gesprächen verhält sich das ähnlich. Wenn Ihr Gegenüber Sie aggressiv anschreit oder sich unkontrolliert und emotional verhält, braucht Sie das überhaupt nicht zu beeindrucken. Sie können nach so einem Affront beispielsweise sagen: „Schön, dass Sie für einen Moment aus sich rauskommen konnten. Können wir jetzt wieder sachlich werden?". Wenn Sie Arbeitnehmer sind und Ihren Chef mit einer solchen Aussage konfrontieren, könnte er sich in seiner Position verletzt fühlen. An dieser Stelle würde ich einen anderen Weg empfehlen. Sie könnten z. B. sagen: »Bitte beruhigen Sie sich. Auf dieser Ebene kann ich nicht mit Ihnen kommunizieren.«

5 Tipps, um Spannungen im Gespräch zu lösen:

Verändern Sie die Atmosphäre und Spannung im Raum, indem Sie nonverbale Zeichen von Distanz signalisieren (Körper leicht wegdrehen, direkten Blickkontakt meiden, Oberkörper zurücklehnen usw.). Diese Techniken dienen zum einen dazu, Ihren eigenen Stress und zum anderen durch Ihre entspannte Haltung das Stressniveau der anderen zu lindern.

1) Atmen Sie ruhig und verlängern Sie die Phase des Ausatmens. Dies beruhigt die Atmosphäre im Raum.

2) Lassen Sie Ihrem Gegenüber mehr Freiraum, indem Sie Ihren Oberkörper zurücklehnen und Ihren Blick statt direkt in die Augen auf eine unverfängliche Stelle seines Körpers richten.

3) Legen Sie eine Pause ein: »Lassen Sie uns das Gespräch kurz unterbrechen und eine Pause einlegen.«

4) Gehen Sie gemeinsam spazieren, denn dieselbe Blickrichtung und das freundschaftliche Seite an

Seite Gehen baut Spannungen ab.

5) Schlagen Sie vor, gemeinsam etwas essen oder trinken zu gehen. Dieses Ritual stärkt das Vertrauen und die Kooperationsbereitschaft.

Kommunikation der Kleidung

Für Kleidung geben Menschen Geld aus-viel Geld. Wäre das immer noch so, würden wir Kleidung einen geringen Wert beimessen? Wahrscheinlich nicht. Kleidung wirkt-besonders nonverbal. Wie in allen anderen nonverbalen Kommunikationsformen, sagt auch die Kleidung, die Sie tragen eine Menge über Sie aus.

Vor Hunderten von Jahren trugen schon Könige und Kaiser glamouröse und edle Gewänder, während sich das Volk mit einfachen Kleidern begnügen musste. Die Stoffe hatten damals noch einen höheren Stellenwert, als das heute der Fall ist. Doch auch in unserer Zeit achten wir auf die Verarbeitung, die Labels, den Glanz und vieles mehr. Indem Sie also teure Kleidung tragen, kommunizieren Sie der Umwelt, dass Sie Geld besitzen und womöglich einer reichen Familie angehören.

Bei diesem speziellen Aspekt der nonverbalen Kommunikation wiegt die Bedeutung der Stereotypen schwerer als in allen anderen Ihnen bekannten. Ohne groß darüber nachzudenken, stecken Sie Leute in bestimmte Schubladen, die Sie über die Jahre hinweg eingerichtet haben. Diese Schubladen sind nützlich – ob Sie das glauben möchten oder nicht. Sie helfen uns, eine schnelle Einordnung der empfangenen Eindrücke zu gewähren, um im Notfall rasch handeln zu können. Die Abgrenzungen der Schubladen, in die Sie Menschen und Objekte stecken, hängen stark von Ihrer persönlichen Erziehung und Ihrer kulturellen Prägung ab. Dabei benutzen Sie natürlich auch die bereits angesprochenen nonverbalen Signale, wie Körpersprache, Kleidung usw. Alles zusammen gibt Ihnen einen Eindruck, wer diese Person ist. Deshalb ist dieses Wissen darum auch sehr wertvoll für Sie.

Vielleicht sagen Sie jetzt: „Aber ich mag den Kleidungsstil, den ich habe. Ich würde ohnehin nichts verändern." Das ist in etwa vergleichbar mit der Trendaussage, »authentisch« sein zu wollen. Aber Sie können sich in fünf Situationen jeweils komplett anders verhalten und trotzdem authentisch sein. Genauso verhält es sich mit der Kleidung. Sie gehen doch schließlich auch nicht mit dem Anzug ins Bett, oder? Sie können authentisch mit einem Anzug in der Arbeit auftreten und privat ganz authentisch Shorts tragen. Verschiedene Situationen – verschiedene Kleidung.

Es ist also nicht nur wichtig, welche Kleidung Sie tragen, sondern eben auch zu welchem Anlass. Gehen Sie einmal in die Stadt und schauen Sie sich um. Betrachten Sie die Leute und sehen Sie sich ganz genau an, welche Kleidung diese Personen anhaben. Sie werden feststellen, dass es eine unendliche Anzahl an unterschiedlichen Moderichtungen und Kleidungsstilen gibt. Und Sie werden beim genauen Betrachten auch feststellen, dass jedes Kleidungsstück, jedes Paar Schuhe und jede Hose anders auf Sie wirken. Fragen Sie sich also: „Wie wirkt dieser Stil auf mich?" – „Was verbinde ich damit?" – „Was sagt diese Kleidung über die Person aus?"

Kleidung ist jedoch nicht nur ein Mittel des Statements. Je nachdem was Sie anhaben, verhalten und fühlen Sie sich auch anders. So ergaben Untersuchungen, dass die gleichen Personen sich mit unterschiedlichen Kleidungsstilen in einer vorgegebenen Situation jeweils anders verhielten und auch andere Gedanken hatten. Man führte selbst Experimente mit dem Geheimdienst und Spezialeinheiten sowie Undercover-Einheiten durch. Einmal waren die Betreffenden dabei in ihre »Rüstung« gekleidet, mit voller Montur, Waffen, Schutzjacken usw. Und das andere Mal wurde eine Gruppe in feinen Anzügen eingesetzt, um in derselben Situation, in der Geiseln genommen wurden, zu vergleichen, wie sich das auf ihr Vorgehen bei der Befreiung der Geiseln auswirken würde.

Fazit: Als die Personen ihre Spezialausrüstung anhatten, schlugen sie vor, ein Täuschungsmanöver durchzuführen, Rauchgranaten zu werfen, die Täter zu stellen und anschließend die Geiseln zu befreien. Als sie im Anzug eingesetzt wurden, schlugen sie viel diplomatischere Lösungen vor, die weniger radikal waren. Beobachten Sie sich selbst einmal: Wie fühlen und verhalten Sie sich, wenn Sie es sich zu Hause mit der Jogginghose bequem machen, und wie fühlen Sie sich, wenn Sie adrett gekleidet durch die Stadt laufen?

Angemessene Kleidung

So wie Anzüge in der Regel seriöser, vertrauenswürdiger und arbeitsamer wirken, hat legere Kleidung auch eine legere Wirkung. Bedenken Sie dabei immer auch den Ort, an dem Sie sich befinden. Falls Sie bei der Arbeit Anzüge tragen müssen, dann verstehe ich es durchaus, wenn Sie es vorziehen, sich in Ihrer Freizeit legerer zu kleiden. Doch eine Sache bleibt unverändert: Sie *wirken* immer, ob Sie das wollen oder nicht.

Ihre Kleidung ist zugleich Hilfsmittel wie auch Werbetafel. Sie drücken Respekt und Wertschätzung vor Ihrem Klientel und Ihren Kollegen aus, wenn Sie sich in einer Situation angemessen kleiden. Kleiden Sie sich für ein Vorstellungsgespräch als Banker anders als für ein Vorstellungsgespräch als Handwerker? Aber sicher doch! Daher die Überschrift: *Angemessene Kleidung*! Doch behalten Sie eines im Hinterkopf: Bringt Ihre Kleidung Nachlässigkeit und Gleichgültigkeit zum Ausdruck, wird das die Art sein, wie andere mit Ihnen umgehen.

Achten Sie also peinlichst darauf, dass Ihre Kleidung gepflegt und sauber ist. Dabei spielt es keine Rolle, ob es sich um ein Poloshirt oder einen Maßanzug handelt. Sie glauben mir nicht? Zahlen sprechen für sich. In Forschungen wurde bewiesen: Lassen Sie Ihre Geldbörse fallen, sind dabei aber gut gekleidet, wurde die Geldbörse in 83 Prozent der Fälle wieder zurückgegeben. Waren die Testpersonen aber leger oder gar schäbig gekleidet, gab man ihnen die Geldbörse nur in 48 Prozent der Fälle wieder zurück.

Schmuck

Schmuck drückt Individualität aus. Viele Menschen, besonders Frauen, greifen hier oft sehr tief in die Tasche. Sie hängen sich tonnenweise Schmuck an den Hals, an die Ohren, an die Füße und wo sonst eben noch Platz ist. Ich schreibe niemandem vor, wie er sich zu kleiden hat. Diese Opulenz des Schmucks zeigt jedoch eine besondere Wirkung. Frauen, die viel oder auffälligen Schmuck tragen, haben auch die bewusste oder unbewusste Intention aufzufallen. Sie drücken damit Ihre Kreativität oder Individualität aus.

Männer tragen gerne Uhren, Halsketten oder auch Schmuck am Handgelenk. Die Vielfalt an Möglichkeiten, die sich einer Person hier heutzutage bietet, ist nahezu unendlich. Wenn Sie wissen wollen, wie Sie mit Ihrem Schmuck wirken, sollten Sie sich einfach Menschen ansehen, die denselben Schmuck tragen.

Bei einem Mann, der ein Hawaiihemd trägt, das bis zu seinem Bauch aufgeknüpft ist, haben wir generell eine gesellschaftlich einheitliche Meinung: unseriös. Wir sehen jemanden und haben direkt diesen ersten Eindruck, der nicht mehr weggeht (vorerst). Auch Sie haben ein bestimmtes Bild im Kopf und stecken diesen Mann in eine Ihrer Schubladen. Das mag eine vom Konsens abweichende Schublade und womöglich auch noch eine in einem anderen Schrank sein, doch oftmals wirken Menschen auf uns sehr ähnlich. Im Geschäftsleben würde ich keiner Frau und auch keinem Mann empfehlen, zu sehr durch Schmuck oder bunte, schreiende Kleidung aufzufallen. Fallen Sie lieber durch Kompetenz auf.

Schuhe

Man sagt, »den Charakter eines Menschen kann man an den Schuhen erkennen, die er trägt«. Dazu gibt es mittlerweile sogar Untersuchungen. Dort wurden beispielsweise rundlichere Schuhe mit einem offenen und freundlichen Wesen in Verbindung gebracht, während Schuhe, die spitz zulaufen, mit einem eher spießigen und arroganten Charakter gleichgesetzt wurden. Das Ergebnis: Es gelang nicht, eine totale Übereinstimmung des jeweiligen Charakters in Verbindung mit der Schuhform zu definieren. Das zeigt also: Trotz des Eindruck, den Ihre Schuhe machen, kann Ihre wahre Persönlichkeit gänzlich anders aussehen. Jetzt kommt das große ABER: Die

Schuhform selbst hat für die meisten Betrachter dennoch eine ähnliche Aussagekraft gehabt. Im beruflichen Kontext wirken offene Schuhe oder Schuhe, die viel Haut zeigen, wenig seriös und zudem unansehnlich und unprofessionell.

Ein Leitsatz für Frauen, der (leider) nicht nur beruflich oft bestätigt wird: »Je höher die Absätze, desto kürzer die Hauptsätze.« Dieses Motto trifft leider zu häufig den Kern, als dass er lediglich als Witz abgestempelt werden kann. Hier beschreibt die Aussage »Der Witz ist meist das Loch, durch das die Wahrheit hindurch pfeift« den vorigen Satz sehr treffend. Frauen, die nicht durch fundiertes Wissen und Kompetenz in ihrem Fachbereich aus der Menge hervorstechen, versuchen das häufig über ihre Kleidung und die damit verbundene Ausstrahlung wettzumachen: Hohe Absätze, kurze Röcke, viel Schmuck, eine Menge Make-up und ein hübsches Lächeln (gegen das nun wiederum absolut nichts spricht). Sie sollten sich nunmehr der Macht *der Kleidung* im Bereich Ihres Berufs- und Privatlebens durchaus stärker bewusst sein. So wie Sie andere in eine Schublade packen, sobald Sie diese Person das erste Mal sehen, genauso machen das andere Menschen auch bei Ihnen. In einem späteren Kapitel zeige ich Ihnen, wie Sie bewusst so wirken können, wie Sie möchten.

Flirten ohne Worte

Trotz der *Macht der Körpersprache*, fühlen sich viele Menschen beim Kennenlernen von Frauen oder Männern immer noch unsicher. Das Spiel der Verführung ist immer noch eine Kunst für sich. Manche zeigen durch großes Talent wenig Schwierigkeiten, andere Menschen kennenzulernen, während sich andere wiederum kaum aus dem Haus trauen. In beiden Fällen hilft es, wenn wir nonverbale Zeichen erkennen, die uns signalisieren, dass unser Traummann oder unsere Traumfrau Interesse zeigen. Dass die Körpersprache beim Flirten entscheidend ist, zeigt alleine schon die Bedeutung des Begriffes »flirten«: »to flirt« bedeutet nämlich wörtlich übersetzt so viel wie »sich schnell bewegen, hin und her tanzen oder flattern«. Und genauso verhalten sich auch Frauen, wenn es ums Flirten geht. Sie verstärken ihre Bewegungen, um mehr Aufmerksamkeit auf sich zu ziehen. Männer hingegen zeigen sich beim Akt des Flirtens eher von ihrer coolen und selbstbewussten Seite.

Interessensindikatoren eines Mannes:
Zeigt ein Mann Interesse an einer Frau, erkennt sie dies an folgenden Merkmalen:

- Putzbewegungen: Er fummelt an seiner Kleidung herum und entfernt irgendwelche Fussel oder

Ähnliches. Damit möchte er sich ganz offensichtlich von seiner besten Seite zeigen. Er »putzt sich« für Sie heraus.

- Kontrollierte Griffe: Greift sich Ihr Gegenüber kontrolliert durchs Haar, um seine Frisur zurechtzurücken, ist das ein sicheres Anzeichen dafür, dass er gut rüberkommen möchte. Dasselbe gilt auch für Krawatten, Hemden, Jacketts etc.

- Ersatzberührungen: Der Mann führt vermehrt Bewegungen durch, die nicht nötig sind und meist aus Nervosität entstehen. Solche Übersprungshandlungen können das Reiben der Nasenflügel, das Kratzen im Gesicht oder das Berühren von Gegenständen in der Nähe sein. Seine Nervosität zeugt von ehrlichem Interesse.

- Haltung: Er streckt seine Brust heraus, die Beine stehen breit und die Daumen sind abgespreizt, um Dominanz zu repräsentieren. Zeigt er also typische »Cowboy«-Zeichen, möchte er Ihnen dadurch seine Stärke und sein Selbstbewusstsein signalisieren.

- Muskeln: Männer gehören zu dem Geschlecht, das durch ihre Kraft bestimmt ist. Zumindest evolutionsbedingt ein wichtiger Faktor. Streckt jemand oder dehnt jemand bewusst seine Muskulatur, will er Ihnen beweisen, dass er ein harter Kerl ist und auf Sie aufpassen kann.

- Augenkontakt: Ein langer Blick, immer wiederkehrende Blicke sowie ein nettes Lächeln weisen auf Interesse seinerseits hin.

Interessensindikatoren einer Frau:

Die Zeichensprache einer Frau unterscheidet sich etwas von den Signalen eines Mannes. Zudem heißt es, dass die Frau auch das Signal gibt, ob der Mann sie ansprechen darf oder eben nicht. Sehr häufig kommt es hier zu Missverständnissen. Da die klassische Rollenverteilung es so vorsieht, dass die Frau ihr Interesse bekundet und der Mann anschließend auf sie zukommen darf, ist es umso wichtiger für die Männer, genau zu erkennen, wann eine Frau echtes Interesse zeigt.

- Hals: Entblößt eine Frau ihren Hals, indem sie den Kopf zur Seite neigt, zeigt sie ihre verletzlichste Körperstelle und demonstriert damit Interesse und Vertrauen. Eine besonders ausgeprägte Form davon ist das »Flip-Signal«. Dabei wirft die Frau ihre Haare schwungvoll zurück.
- Gesicht und Handgelenke: Weitere Flirt-Signale, die dem Mann zeigen sollen, dass die Frau attraktiv wirken will, sind unter anderem ein leicht geöffneter Mund mit befeuchteten Lippen, ein kurzer Griff ans Ohrläppchen sowie das Zeigen der zarten Handgelenke.

- Autoerotische Gesten: Frauen haben Flirt-Taktiken, die sich von denen der Männer deutlich unterscheiden. Dazu gehören Berührungen des eigenen Körpers, um den Mann unbewusst dazu zu bringen, die Bewegungen selbst an ihr ausführen zu wollen. Zum Beispiel sehr machtvoll ist das Streichen über ihren eigenen Hals, ihre Arme oder ihre Oberschenkel.

- Augen: Frauen öffnen bei Männern, die sie interessant finden, die Augen etwas weiter als üblich. Im Kapitel Körpersprache erwähnte ich bereits, dass Menschen ihre Augen weiten, um mehr von dem Objekt ihrer Begierde zu sehen. Sie sind quasi so voller Begeisterung und Staunen, dass sie durch Öffnen der Augen hoffen, noch mehr wahrnehmen zu können.

- Lachen: Wenn sie selbst über die schlechten Witze des Mannes überschwänglich lacht.

- Gesicht abwenden: Manche schüchternen Frauen lächeln auch verlegen und wenden dabei das Gesicht leicht ab. Auch das sind Signale, die von Interesse zeugen.

- Beinhaltung im Sitzen: Zeigt das übergeschlagene Bein einer Frau im Sitzen direkt zum Mann, empfindet sie ehrliches Interesse für ihn.

- Vorlehnen: Lehnen Frauen sich nach vorne, so wollen sie oft unbewusst zeigen, wie gut sie „obenherum" ausgestattet sind.

- Nähe suchen: Frauen befinden sich meist in Sichtweite ihres Schwarms und suchen seine Nähe. Geht der Mann zum Beispiel in der Disco in einen anderen Raum, wer steht vier Minuten später auch dort? So ein Zufall!

Signale, die sowohl von Männern als auch von Frauen eingesetzt werden:

- Ein Blickkontakt zeugt immer von Aufmerksamkeit. Ein Blickkontakt, der länger als drei Sekunden gehalten wird, zeugt von deutlichem Interesse.
- Zeigt jemand am Tisch seine Handflächen offen, heißt das: »Ich bin bereit, deine Hand zu nehmen.«
- Distanzzone: Jeder hat seine eigene Distanzzone zu anderen Menschen. Diese beträgt meist eine Armlänge. Wer diese Grenze bewusst überschreitet, indem er jemandem auf der Couch den Arm über die Schulter oder auf den Schenkel legt, drückt sein Interesse aus und kündigt damit an, dass er der anderen Person auch emotional näherkommen möchte.
- Menschen, die sich verstehen, spiegeln sich gegenseitig. Gute Freunde merken es kaum, doch sie passen sich unbewusst der anderen Person an. Sowohl die Körpersprache als auch die restliche nonverbale Kommunikation gleicht sich mit der

Zeit an. Dadurch wirken wir sympathischer aufeinander und schwingen sozusagen *auf einer Wellenlänge*. Dasselbe ist auch bei Menschen, die sich einander annähern, oder bei verliebten Pärchen häufig zu beobachten.

Um diese Zeichen zu erkennen und zu erlernen, empfehle ich, eine gut besuchte Bar oder einen Szenetreff aufzusuchen und Männer wie Frauen beim »night game« (nächtlichen Verführungsspiel) zu beobachten. Sie trainieren dabei auch Ihre eigene Fähigkeit der nonverbalen Kommunikation und das, meine lieben Leserinnen und Leser, ist erst der Anfang Ihrer Reise auf dem Weg zum gerissenen *Menschenversteher*. Viel Freude und Spaß dabei!

Lügen erkennen

Ein wichtiges Thema im Bereich Körpersprache stellt unter anderem das *Enthüllen von Lügen* dar. Es hat sich grundsätzlich aus dem Bereich Körpersprache und nonverbale Kommunikation herauskristallisiert. Weil dieser Bereich für einige eine so große Spielwiese darstellt und sie begierig nach einer Methode suchen, wie sie z. B. die eingefädelten Lügen ihrer Ehepartner aufdecken können, möchte ich Ihnen einen Ausschnitt mit den wichtigsten Punkten mitgeben.

Einmal selbst Sherlock Holmes spielen und dem *Mysterium Lüge* auf die Schliche kommen, ist und war ein großer Traum vieler Kinder und heute Erwachsenen. Um auf die Lügen der Kinder nicht selbst hereinreinzufallen, ist es nicht verkehrt, dass Sie wissen, wann die kleinen Engel (oder Teufel) Sie an der Nase herumführen.

Studien zeigten, dass wir ziemlich schlecht im Entlarven und Erkennen von Lügen sind. Zahlen in diesem Bereich pendeln sich auf eine *50:50-Chance* ein, die Lüge zu erkennen. Sie könnten also bei schlechtem Talent eine Münze werfen und würden wahrscheinlich sogar besser abschneiden. Damit wären Sie übrigens nicht alleine. Statistiken zeigen, dass – Sie glauben es mir womöglich nicht – Richter eine noch schlechtere Performance als die Durchschnittsbürger abgeben. Man sagt ihnen ca. 40

Prozent Erfolgsquote nach. Wie kann das sein? Richter weisen angeblich neben einer typischen Ignoranz zuweilen auch noch eine berufsbedingte Arroganz auf, die sich auf das Ergebnis verheerend auswirkt. »Schließlich machen sie den Beruf schon seit 30 Jahren«, heißt es dann salopp. Doch im Ergebnis verändert das nichts an der Tatsache, dass sie eine hohe Fehlerquote aufweisen. Es sei gesagt, dass es nicht immer einfach ist, Lügen zu erkennen, und viele Experten in diesem Bereich geben zu, dass kaum jemand über 60 Prozent Erfolgsquote kommt. Wieso sollten Sie sich dann also die Mühe machen, Techniken zu lernen, wenn Sie am Ende der Reise gerade einmal 10 Prozent besser im Entlarven von Lügen sind als der Durchschnitt? Es gibt jedoch Methoden, die manche Menschen auf eine Trefferquote von über 90 Prozent bringen. Klingt das schon attraktiver für Sie? Ehrlich gesagt würde ich mich mit 90 Prozent auch erst mal zufriedengeben.

Wie kommen Sie nun auf diese unglaublich hohe Trefferquote? Schauen wir uns erst einmal an, was Lügner fast alle gemeinsam haben. Es gibt immer Ausnahmen, doch die sollten wir für den Anfang vorerst beiseitelassen. Fragen Sie sich selbst einmal: „Was mache oder fühle ich, wenn ich lüge?" Malen Sie sich einmal vergnüglich ein Szenario aus, wie das aussehen würde. Ich bin mir sicher, Sie haben noch nie gelogen, noch würden Sie je auf diesen Gedanken kommen. Ich kann Sie also nicht bitten, an eine vergangene Lüge zu denken. Bei Ihren Freunden und Bekannten ist das sicher eine ganz andere Sache. Also, was fühlen Sie?

Es sind zwei dominierende Emotionen:

1. **Angst**
2. **Schuld**

Warum Lügen Menschen überhaupt? Zum einen ist da die *Angst* in uns, wegen etwas bestraft zu werden. Wir lügen also aus Angst, weil wir befürchten, uns steht ein schlimmes Urteil bevor. Das ist übrigens die erste Art von Lügen, die Kinder lernen. Sie lügen, um einer Strafe zu entkommen. Das machen sie schon mit zwei Jahren. Kaum zweieinhalb Jahre alt fangen sie das Lügen an, um einen Vorteil zu bekommen. Sie führen also die anderen Kinder z. B. bewusst in die linke Spielecke, um mit den neuen Spielsachen in der rechten Ecke alleine spielen zu können. Eine andere Angst ist die Furcht, als Lügner dazustehen.

Indikatoren für Angst

Woran erkennen wir nun also, dass jemand im Augenblick Angst empfindet? Angst erkennen wir anhand bestimmter Kriterien, die wissenschaftlich fundiert sind und sich quer durch die Bank gleichermaßen äußern.

Folgende Kriterien konnte man feststellen, wenn sich jemand ängstlich fühlt:

1) *Gesichtsausdruck*: Wenn Sie Angst fühlen, verändern Sie unweigerlich Ihre *Mimik*. Dabei werden die Augen in diesem Moment (auch beim Lügen) etwas größer und die Lippen ziehen sich nach hinten zurück.

2) *Häufiges Blinzeln*: In dem Moment, in dem sie die Lüge äußern, ist auffällig, dass Menschen signifikant oft blinzeln.

3) *Stottern, Wiederholungen* und eine *erhöhte Stimmlage* sind weitere Indikatoren, die zu beobachten sind, sobald jemand Angst verspürt.

Die gute Nachricht: Sie müssen keinen dieser Punkte auswendig lernen. Man hat Studien darüber gemacht, wie gut Menschen anhand von Bildern erkennen, ob die dargestellte Person Angst verspürt und ob diese Angst in dem Moment unangebracht scheint oder nicht. Menschen erkennen intuitiv, ob jemand Angst verspürt oder nicht. In diesen Tests sind manche mit einer Trefferquote von über 95 Prozent aus der Analyse gegangen. So gut sind wir intuitiv im Erkennen von Angst. Die zweite Emotion, die häufig in Verbindung mit Lügen auftaucht, ist die *Schuld*. Vorab sei erwähnt: Nicht alle Lügner fühlen sich schuldig. Belügt man jedoch einen guten Freund oder eine nahestehende Person, kann es schon vorkommen, dass einen das Gewissen plagt. Und wie zeigt sich Schuld im Gesicht? Wenn sich jemand schuldig fühlt, dann schaut diese Person meist, wie sie schauen würde, wenn sie traurig ist.

<u>Folgende Anzeichen sind auffällig für Lügner:</u>

1) *Verhaltenskontrolle:* Lügner weisen aufgrund der Emotionen, die sie fühlen, eine sehr hölzerne und steife Körpersprache auf. Sie verhalten sich wie Roboter und sind dabei sehr angespannt.

2) *Entpersonalisierung:* Lügner antworten auf Fragen selten ichbezogen. Sie sagen dann so etwas wie: „Wer würde denn so etwas machen?" Oder zählen Gründe auf, weshalb sie es nicht gewesen sein können (die Gründe haben sie sich natürlich vorher überlegt). Dann sagen sie z. B.: „Also erstens war ich letzte Nacht überhaupt nicht in der Stadt. Zweitens habe ich ein Alibi von einer Freundin. Und drittens kann ich gar nicht …"

3) Inhalt: Lügner liefern ganz wenige Details und erzählen *strikt chronologisch.*

Methoden, um Lügen zu entlarven

1.) Verstärken Sie die Angst. Bevor Sie irgendwelche Fragen stellen, machen Sie Ihrem Gegenüber klar, dass Sie die Wahrheit auf alle Fälle herausfinden werden. Zeigen Sie ihm klipp und klar, dass Sie nicht aufhören werden, bevor Sie nicht die Wahrheit herausgefunden haben. Und betonen Sie dabei, dass Sie bisher immer die Wahrheit gefunden haben. Eine andere Methode besteht darin, Ihr Gegenüber auf schreckliche Konsequenzen aufmerksam zu machen. Hat die Person bereits Angst, weil sie weiß, dass sie lügt, wird das ihre Angst noch verstärken und Sie können die Anzeichen deutlich leichter erkennen. Hat jemand nichts zu verbergen, kann er sich entspannen, da er weiß, dass ihm die Wahrheit nicht schaden kann. Sie müssen allerdings bedenken, dass auch eine ehrliche Person Angst bekommen kann, wenn man ihr auf diese Weise zusetzt, obwohl sie sich gar nichts hat zuschulden kommen lassen. Deshalb gibt es noch eine andere Methode.

2.) Erwecken Sie den Eindruck, hervorragend im Entlarven von Unwahrheiten zu sein.

3.) Himmel-Hölle Prinzip: Zeigen Sie der Person die Option von Himmel und Hölle auf. Sie könnten zum Beispiel sagen: „Du hast jetzt noch die Möglichkeit, den goldenen und gesegneten Weg der Wahrheit zu wählen oder …"

4.) Moralische Amnestie: Irrigerweise versuchen viele Befrager Druck aufzubauen, weil sie glauben. damit die besten Resultate zu erzielen. Das ist jedoch ein totaler Irrglaube. Menschen lassen sich länger peinigen und foltern, als Sie glauben würden. Ersparen Sie sich also die Zeit und die Drohungen und seien Sie schlauer. Wenn Sie die Vermutung haben, dass Ihr Gegenüber wirklich schuldig ist, dann sagen Sie etwas wie: „Hey … das hätte ich doch genauso gemacht."

Auf der Ebene des Verständnisses öffnen sich Menschen viel leichter, als wenn Sie z. B. sagen würden: „Du dreckiges Schwein, ich weiß genau, dass du es warst. Du verdammter Lügner, gib endlich zu, dass du es warst." Wer will in diesem Moment schon „ja" sagen und sich mit einem Geständnis selbst als „dreckiges Schwein" und „verdammter Lügner" entlarven? Keiner. Seien Sie also lieber wie sein bester Freund. Wenn Menschen keine Angst vor Verurteilung spüren, erzählen die meisten ganz offen die Wahrheit.

Wirken Sie, wie Sie es wünschen!

Haben Sie schon einmal davon geträumt, eine so unwiderstehliche Ausstrahlung und Wirkung wie Ihr größtes Vorbild zu haben? Falls Sie das noch nicht erreicht haben, ist heute Ihr Tag! Denn was zu schön klingt, um wahr zu sein, ist tatsächlich möglich.

Sie haben es höchstwahrscheinlich schon hin und wieder in Ansätzen erfahren, ohne es zu wissen. Wenn Sie in einem Kinofilm sitzen und Sie sehen Ihren Superhelden oder Ihr Vorbild, spielt sich etwas Ähnliches in Ihrem Gehirn ab wie bei der Person im Film. Durch unsere Spiegelneuronen im Gehirn sind wir fähig, uns in Situationen und Menschen einzufühlen.

Das ist der Grund, weshalb Jungs, die z. B. in den Film über den US-amerikanischen Rapper Tupac „All Eyez on Me" gegangen sind, danach aus dem Kino laufen, als wären Sie plötzlich »Gangster«. Und sie gingen nicht nur so, sondern sie verhielten sich auch genauso. Sie sprachen wie die Hauptfigur Tupac Shakur und ihr gesamtes Verhalten ähnelte dem von ihm.

Wir möchten uns die beobachteten Eigenschaften zunutze machen, um uns auf die damit verbundenen Muster, die uns gefallen, zu programmieren. Der Prozess des Lernens besteht aus zwei Phasen:

1.) *Nachahmen:* Nehmen Sie sich etwas zum Vorbild und ahmen Sie einfach nach, was Sie sehen.
2.) *Wiederholung:* Wiederholen Sie ständig die neue Verhaltensweise (mental und physisch), bis sie zu einer Gewohnheit geworden ist.

Den besten Beweis, dass Menschen hierzu in der Lage sind, liefern uns Komiker, die andere so gut nachahmen, dass die Zuschauer es als besonders witzig empfinden. Dies ist nur durch die beschriebene Fähigkeit möglich. So wie Kinder ihre Eltern nachgeahmt haben, können Sie nun Ihren Vorbildern nacheifern. Obwohl Kinder bei Lernprozessen immer wieder hingefallen oder gescheitert sind, haben sie dennoch nie aufgegeben. Es ist möglich, dass auch Sie das eine oder andere Mal hinfallen und aufstehen müssen, um Ihr Ziel zu erreichen. Doch ich kann Ihnen versichern: Es ist die Mühe mehr als wert. Um den Lernprozess zu beschleunigen, ist es von Vorteil, Sie verbinden das körperliche Üben mit der erstaunlichen Macht des Geistes.

Die Macht der Vorbilder

Dieses Training setzt Ihnen keine Grenzen dabei, wer Sie werden können. Was auch immer Sie sich vorstellen können, besitzt die Kraft, sich auch zu verwirklichen. Wollen Sie eine so attraktive Ausstrahlung wie ein bekanntes Model? Möchten Sie so selbstbewusst wirken wie ein bekannter Geschäftsmann oder Filmstar? Was es auch ist, Sie werden es erreichen.

Als ich begann, diese ultimative Fähigkeit zu erkunden und auszutesten, spielte ich eine ganze Weile damit herum. Ich versetzte mich in alle möglichen Menschen. Zum einen, da ich gewisse Eigenschaften in meinem Leben implementieren wollte, und zum anderen konnte ich dadurch erkennen, wie es sich anfühlt, eine bestimmte Person mit einer bestimmten Einstellung, Verhaltensweise oder Charaktereigenschaft zu sein. Das brachte mich in die Lage, nochmals entscheiden zu können, ob es überhaupt das ist, was ich wirklich wollte. So fand ich schließlich Vorbilder, die genau das repräsentierten, was ich mir wünschte. Ich begann die Verhaltensweisen von Personen, die ich mir zum Vorbild nahm, zu beobachten. Dann schlüpfte ich virtuell in deren Körper und ihre Physiologie und benutzte meinen Körper auf genau dieselbe Weise. Dabei nahm ich die genaue Körpersprache der Vorbilder an und begann dieselbe charakteristische Mentalität zu spüren und wahrzunehmen. Erinnern Sie sich, dass der Geist eng mit dem Körper verknüpft ist. Sobald Sie eine gewisse Körperhaltung einnehmen, verändern sich auch Ihre Gefühle und Emotionen und Sie fühlen sich anders. Wenn Sie jetzt detailgetreu die Körpersprache Ihres Vorbildes nachahmen, müssten Sie also dem Gesetz nach dieselben Emotionen und Schwingungen wie Ihr Vorbild fühlen und ausstrahlen.

Nachdem ich mir dann geistig vorgestellt hatte, mich so zu bewegen und zu gestikulieren wie meine Vorbilder, stellte ich mir vor, wie ich auch alle anderen Bereiche wie Sprache, Kleidung und Mimik imitierte. Je mehr Aspekte ich in meine *Vorstellung* implementierte, desto stärker fühlte ich mich wie mein Vorbild.

Ich wiederholte den Prozess wieder und wieder. Dabei programmierte ich das Gelernte tief in mein Gedächtnis ein und speicherte es ab. Und schon nach kurzer Zeit fühlte ich mich in bestimmten Situationen genauso wie mein Idol.

Wie würden Sie gerne wirken? Welches Gefühl möchten Sie gerne haben? Sie müssen sich dabei keines prominenten Vorbildes bedienen. Vielleicht kennen Sie eine Freundin, die richtig gut darin ist, Männer um den Finger zu wickeln, und Sie möchten das auch können. Oder Sie sind von der charismatischen Ausstrahlung eines Bekannten begeistert. Was immer es ist, Sie können es sich zum Vorbild nehmen. Menschen zeigen in unterschiedlichen Gefühlszuständen jeweils andere körperliche Verhaltensweisen.

Falls Sie sich noch nicht entscheiden können, welche Eigenschaften oder Seins-Zustände Sie gerne annehmen möchten, oder nicht exakt wissen, was mit dieser Technik alles möglich ist, habe ich etwas für Sie. Ich möchte Ihnen hierfür einen kleinen Ausschnitt von Eigenschaften aufzeigen, der vielen Menschen eine höhere Lebensqualität gegeben hat und mit dessen Hilfe diese so wirken konnten, wie sie das immer wollten. Hier ein paar beliebte Eigenschaften:

- Selbstbewusstsein und Selbstvertrauen
- Frei von Ängsten
- Kompetenz und Souveränität
- Charisma
- Dominanz und Macht
- Sexappeal und Anziehungskraft
- Lebensfreude
- Leichtigkeit und Gelassenheit
- Innerer Frieden
- Humor

Die Methode

Bevor Sie die Übung durchführen, möchte ich Sie bitten, erst alle Punkte durchzulesen. Es ist bei dieser Übung von Vorteil, in einen entspannten Zustand zu gehen und dabei die Augen zu schließen, da die meisten Menschen sich in einem Zustand der Entspannung kontrastreichere Bilder vorstellen können.

1. Suchen Sie sich ein Vorbild oder ein Idol aus, dessen Selbstvertrauen oder »Ausstrahlung« Sie gerne hätten.

2. Denken Sie als Nächstes an eine Situation, in der sich Ihr Vorbild so verhält, wie Sie sich gerne selbst verhalten würden (z. B. sehr gelassen und selbstbewusst beim Ansprechen einer unbekannten Person, in der Verhandlung souverän, beim Flirten attraktiv etc.)

3. Stellen Sie sich vor Ihrem geistigen Auge vor, wie die Person ihre bestimmte Eigenschaft in der jeweiligen Situation zum Ausdruck bringt. Lassen Sie diese Szene einige Male ablaufen. Manchmal hilft es, die Szene in Zeitlupe anzuschauen.

4. Sehen Sie nun Ihr Vorbild genau an. Schlüpfen Sie in den Körper Ihres Idols und nehmen Sie seine Haltung, Mimik, Gestik, Atmung und innere Verfassung an.

Nun sehen Sie die Welt aus seinen oder ihren Augen. Hören Sie mit seinen Ohren und fühlen Sie, wie selbstbewusst, kompetent oder friedlich Ihr Vorbild ist.

5. Spielen Sie als Nächstes die Situation noch einmal durch. Machen Sie es diesmal aus Sicht Ihres Vorbilds. Spüren Sie, wie sich Ihr Vorbild dabei fühlt und sich selbst wahrnimmt. Spüren Sie eindeutig die Eigenschaft und Einstellung, die Ihr Vorbild dabei hat.

6. Nun tritt die Kraft der Wiederholung ein. Wiederholen Sie diesen Ablauf so lange, bis Sie sich in der Rolle Ihres Vorbildes wohlfühlen.

Ihr Gehirn kann nicht unterscheiden, ob Sie sich eine Sache nur vorstellen oder ob Sie sie tatsächlich erleben. Da unsere Vorstellungskraft nahezu unbegrenzt ist, ermöglicht uns das, imaginär in jede erdenkliche Person zu schlüpfen und deren Expertise und Eigenschaften anzunehmen und schnell zu erlernen. Wichtig ist der Faktor, dass Sie sich vorher entspannen. Ein entspannter Geist nimmt mehr Details wahr und lässt Sie die Szene besser imaginieren.

Tipps zur Verwirklichung Ihrer gewünschten Eigenschaften:

- Entspannen Sie sich vor der Übung.
- Suchen Sie sich eine passende Szene oder Handlung aus.
- Wenn es keine passende Szene gibt, schauen Sie sich die generelle Körperhaltung, Mimik, Gestikulation und das Verhalten dieser Person an.
- Fangen Sie mit den groben Bewegungen der Person an und gehen Sie dann ins Detail.
- Schauen Sie sich Details wie bei der Körpersprache an und implementieren Sie eins nach dem anderen (Körpersprache/Mimik/-Gestik/Sprache und womöglich Kleidung).
- Sehen Sie sich zur Hilfe Filme, Videos, Interviews, Magazine und Bilder an, in denen Ihr Vorbild abgebildet ist.

Der ultimative 6-Wochen-Trainingsplan

In diesem Kapitel möchte ich allen, die sich aufrichtig für das Lernen nonverbaler Kommunikation interessieren, die Chance bieten, wirklich gut darin zu werden, andere Menschen aufgrund Ihrer nonverbalen Signale zu durchschauen.

Für wen ist dieser Trainingsplan geeignet? Wenn ich Ihnen sagen würde, dass dieser Trainingsplan nur für Geschäftsleute oder Ehepartner oder Singles funktioniert, so würde ich in allen Fällen nicht die ganze Wahrheit sagen. Letztlich ist dieses Training für jedermann! Mit einer Ausnahme: Wenn Sie bereits Profi darin sind, nonverbale Zeichen zu erkennen und entsprechend darauf zu reagieren, dann werden Sie vielleicht nicht den größten Nutzen aus der investierten Zeit ziehen und enttäuscht sein. Doch für alle anderen, die diesen Bereich frisch erlernen oder weiter ausbauen mögen, wird das Training phänomenale und nachhaltige Ergebnisse produzieren.

Super-Learning für nonverbale Kommunikation

In vielen Bereichen und Branchen gibt es Coachings oder Seminare, die zur Verbesserung gewisser Fähigkeiten ausgetüftelt wurden. Und wissen Sie, was mich an denen stört?

Sie sind so langweilig und trocken, dass ich mich frage, wie dabei überhaupt noch jemand etwas lernt. Und der zweite Punkt, den ich fast als noch wichtiger erachte, ist die Tatsache, dass diese Schulungen nicht so praktiziert werden, dass das Erlernte einen nachhaltigen Effekt hat. Da schickt Sie Ihr Unternehmen zu einem Wochenendseminar – sagen wir zum Thema »Körpersprache«. Und an dem einen Wochenende bekommen Sie so viele Informationen und Bilder vorgesetzt, dass Ihr Hirn bereits am Nachmittag des ersten Tages schon dampft. Nach dem Wochenendseminar gehen Sie mit viel Informationen und auch einigen *Aha-Effekten* und *Learnings* nach Hause. Dann erscheinen Sie Montagmorgen an Ihrer Arbeitsstelle und was passiert dann? Richtig! Nichts. Tag für Tag bröckeln die erlernten Wissensstücke ab und was übrigbleibt, wenn das letzte Stück »Kuchen« (Körpersprache-Wissen) vom Tisch kommt, sind vereinzelte Krümel, die einen noch ungefähr daran erinnern, wie der »Kuchen« mal geschmeckt oder ausgesehen hat.

Damit Ihnen das *nicht* passiert, möchte ich sicherstellen, dass Sie sich mehr als ein Wochenende Zeit nehmen.

Sehen Sie das Buch als Ihr Wochenendseminar und den Trainingsplan als das Implementieren des bereits erworbenen Wissens an. Das erinnert mich an einen Spruch, der sinngemäß folgende Aussage hatte: »Was ich *höre*, das *vergesse* ich. Was ich *sehe*, daran *erinnere* ich mich. Was ich *tue*, das habe ich *verstanden*«.

Und was, glauben Sie, möchte ich, dass Sie vor allem nach dem Lesen des Buches tun? Nein, Sie sollen sich nicht das Hörbuch dazu kaufen! Sie werden das Gelesene tun, tun und nochmal tun! Wenn Sie nachhaltig Effekte erzielen möchten, vertrauen Sie dem Ansatz des »Super-Learnings«. Diese Methode nutzt die Art, wie Menschen am besten lernen, um schnelle und nachhaltige Erfolge zu erzielen.

Der Körpersprache-Kurs

Der Schwerpunkt dieses 6-wöchigen Trainings liegt auf der *Körpersprache*. Diese stellt einen relevanten und schnell erlernbaren Teil der nonverbalen Kommunikation dar, der Sie in kurzer Zeit deutlich kompetenter und professioneller im »Lesen von Menschen« macht. Außerdem sind Sie bei dieser Art des Trainings auf niemanden angewiesen – außer auf die bloße Existenz von Menschen. Und wenn Sie sich mal umschauen, dann werden Sie feststellen, dass Sie überall welchen begegnen. Es ist schon eine Kunst für sich, einen Tag lang keinem Menschen über den Weg zu laufen.

Des Weiteren bedarf es keiner sprachlichen Komponente. Sie müssen dabei mit niemand ins Gespräch kommen. Mir ist durchaus bewusst, dass nicht alle Menschen die gleichen Bedingungen oder Voraussetzungen mitbringen, um dieselben Ergebnisse erzielen zu können. Jemand von Ihnen wird vielleicht Buchhalterin sein, eine andere Person wird im öffentlichen Dienst arbeiten.

Wir haben also von Natur aus mehr oder weniger immer mit Menschen in unserem Alltag zu tun. Nutzen Sie das bitte nicht als Ausrede. Sehen Sie es, wenn möglich, in beiden Fällen als Chance. Treffen Sie tagsüber viele Menschen, können Sie unglaublich viele Vergleiche und Varianten erkunden, die Ihr Spektrum von möglichen Facetten der Körpersprache schulen. Falls Sie nur wenigen

Personen begegnen, gestattet es Ihnen wiederum, diese Personen ganz genau unter die Lupe zu nehmen, sodass Sie ein feines Gespür für die Nuancen bekommen.

Empfehlen und ans Herz legen möchte ich Ihnen gerne beides. Haben Sie in Ihrem Arbeitsalltag mit wenigen Menschen zu tun, so setzen Sie sich einmal am Wochenende in ein Café mit guter Aussicht auf einen vorbeigehenden Strom von Menschen. In meinem privaten Umfeld höre ich oft davon, dass das Beobachten von Menschen eine Art Hobby oder Beschäftigung ist, die Freude bereitet.

Doch ich weiß, dass meine diesbezüglichen Bekannten keinerlei Ahnung vom »Lesen von Menschen«, von Körpersprache oder nonverbaler Kommunikation im professionellen Sinne haben und selbst diese Leute sagen, dass sie wirklich Spaß dabei haben.

Wie viel Spaß wird das erst Ihnen machen, wenn Sie das Gefühl haben, dass Sie mit jeder Person, die Sie analysieren, Ihrem Ziel, ein wahrer Könner im Menschen-Lesen zu werden, ein Stück näher kommen! Sie können mir glauben, wenn ich Ihnen sage, dass es eine pure Freude und Euphorie in uns wecken kann, wenn wir beginnen, die Welt mit anderen Augen zu sehen. Also rein ins Vergnügen!

Um den Lernerfolg zu erhöhen und wirklich kompetent in der Beurteilung von Körpersprache zu werden, ist es von Vorteil, den Körper der jeweiligen Person beim Observieren in Teilbereiche zu untergliedern. Achten Sie beim Beobachten auf die Zeichen und Signale, die ich im Kapitel über *Körpersprache* ausführlich dargelegt habe.

Falls Sie beispielsweise selbstständig tätig sind und an einem bestimmten Tag keine Möglichkeit finden, etwas zu üben, dann werfen Sie bitte nicht gleich alles hin und schieben es auf den „schlecht entworfenen Trainingsplan", dass Sie eine bestimmte Fähigkeit nicht erlernt haben. Gehen Sie flexibel an die Sache heran. Tauschen Sie einen Tag mit einem anderen, an dem Sie vielleicht durch die Stadt gehen, oder absolvieren Sie eine zusätzliche Lektion am Wochenende. Wichtig ist auch hier zu betonen: Versteifen Sie sich nicht auf das buchstäbliche Einhalten des Trainingsplans! Er ist lediglich ein Konstrukt, das Fortschritte durch beständiges Üben ermöglicht. Mir ist bewusst, dass ein einziger Tag Training nicht ermöglicht, einen bestimmten Bereich auf Anhieb und für immer gelernt zu haben.

Wenn Sie das Gefühl haben, am Ende einer Trainingseinheit besser geworden zu sein, mehr Details wahrnehmen zu können, dann ist der Plan schon mehr als aufgegangen. Und wenn Sie das Training nach Abschluss nochmals wiederholen, werden Sie merken, dass Sie noch mehr Details und Nuancen wahrnehmen und es Ihnen immer leichter fällt, alles zu einem Gesamtbild zusammenzufügen.

Dieses Vorgehen ist vergleichbar mit *Meditieren*. Die reine Absicht zu meditieren, ist bereits Meditation. Es sind in erster Linie nicht die Ergebnisse wichtig, sondern dass Sie sich entscheiden, bewusst auf die Körpersprache und die nonverbalen Signale zu achten. Ich hoffe, ich konnte Ihnen ein wenig die Angst vor einem streng einzuhaltenden Trainingsplan nehmen. Der Mensch lernt faszinierend schnell, wenn er entspannt und aufnahmefähig ist. Deshalb gehen Sie mit Freude und Gelassenheit an die Sache heran. Lassen Sie uns mit dem Training starten!

Ein persönlicher Ratschlag, um die Resultate und Ergebnisse erheblich zu verbessern:

Legen Sie sich ein Notizbuch zu, bevor Sie mit dem Training anfangen. Meine Erfahrung zeigt, dass das Notieren von Informationen Ihr Wissen um einiges vertieft, da wir erstens nochmals über die Erfahrungen nachdenken und zweitens durch das Aufschreiben unser erworbenes Wissen nochmals memorieren.

Die Kunst des Lernens liegt in der Wiederholung. Ich empfehle, jede Woche in die einzelnen Tage zu unterteilen und nach jedem Übungstag die »Learnings des Tages« festzuhalten. Sie können zum Beispiel bestimmte Fragen aus dem Trainingsplan mit den jeweiligen Antworten versehen. Oder Sie notieren genau, wann Sie Veränderungen in der beobachteten Körpersprache wahrgenommen haben sowie auch andere Signale und wichtige Informationen, die Ihnen zu Ihrem Trainingstag einfallen.

Und weil ich weiß, dass viele Leser gerne alles in einem Buch haben wollen, stelle ich Ihnen am Ende dieses Buches die Möglichkeit zur Verfügung, ein paar Notizen zu Ihrem Training aufzuschreiben. Im Zuge dieser Veröffentlichung kann ich Ihnen leider kein komplettes individuelles Notizbuch mitliefern. Falls Sie also ausführlichere Notizen verfassen möchten (was ich grundsätzlich empfehle), dann legen Sie sich über meinen Anhang hinaus zusätzlich ein eigenes Notizbuch zu. Und damit kann's jetzt auch losgehen!

Der 6-Wochen-Plan – Übersicht

Woche 1: <u>Thema:</u> Alle Haltungen und Gangarten
Woche 2: <u>Thema:</u> Beine und Füße
Woche 3: <u>Thema:</u> Rumpf und Hals
Woche 4: <u>Thema:</u> Arme, Hände, Finger
Woche 5: <u>Thema:</u> Kopf, Augen, Mund
Woche 6: <u>Thema:</u> Körpersprache komplett und nonverbale Kommunikation

Woche 1

Montag: Haltung

Wir beginnen das Training, indem wir die Grundsäulen jeder Person betrachten. Wie *stehen* Personen, wenn sie auf den Bus oder am Kaffeeautomaten warten oder sich in einer Gruppe unterhalten? Schauen Sie auch auf die Personen, die nicht ins Gespräch involviert sind, und auf andere Personen, die sich unbeobachtet fühlen. Dort erkennen wir oft die »Grundhaltung« eines Menschen und können somit mögliche Abweichungen besser erkennen. Des Weiteren zeigen unbeobachtete Menschen eindeutiger in ihrer Körpersprache, was sie wirklich fühlen und denken.

Dienstag: Stehen

Achten Sie detailliert auf alle angesprochenen Ausdrucksmöglichkeiten und darauf, was diese Ihnen verraten. Schauen Sie sich den »Stand« ganz genau an. Steht die Person mit schmalen oder mit breiten Füßen da? Überkreuzt jemand seine Beine im Stehen – und wenn ja, in welchen Situationen? Wie stehen Personen in einem Gespräch zueinander? Wenn Sie das eine Weile durchexerziert haben, gehen Sie ins Detail.

Fragen Sie sich: Wie lange stehen Personen an einer Stelle, welche »Standpunkte« nehmen sie ein? Wie ist der Kontakt zum Boden? Erfassen Sie nach und nach immer mehr Nuancen und wiederholen Sie dies so oft, bis es Ihnen in Fleisch und Blut übergegangen ist.

Mittwoch: Gehen

Menschen sieht man in der Regel häufiger »gehen« oder sitzen als stehen. Es wird Ihnen ein Leichtes sein, eine Gelegenheit zu finden, Menschen im Vorbeigehen zu beobachten. Einen Haken gibt es bei der Sache jedoch: Die Objekte, die Sie studieren, laufen Ihnen im wahrsten Sinne des Wortes davon.
Deshalb schlage ich hier zwei Methoden vor.

Die *erste Methode* besteht darin, sich einen Platz zu suchen, von dem aus Sie eine gute Sicht auf möglichst viele Menschen haben.
Und *Methode zwei* nutzt Ihre eigene Beweglichkeit. Das bedeutet: Sie gehen auch. Bewegen Sie sich mit dem

Strom der Menschen und beobachten Sie sie dabei. Schauen Sie sich in aller Ruhe die vielen Facetten an, die dabei auftreten können. Was sagt mir eine bestimmte Schrittlänge? Wie bewegen sich die Füße beim Gehen? Was macht der Rest des Körpers dabei? Gehen Sie wie bei einem guten Fitness-Training immer von den großen Bewegungen zu den kleinen, feinen Bewegungen über.

Donnerstag: Sitzen

Da wir als Gesellschaft der »Hochleistungssitzer« bekannt sind, dürfte Ihnen das Studium dieser Form der Körpersprache leichtfallen. Sie sehen sie überall, die Sitzolympioniken. Nun haben Sie Zeit. Setzen Sie sich an einen schönen Ort oder stellen Sie sich irgendwo unbeobachtet hin und widmen Sie diesem Phänomen Ihre Aufmerksamkeit. Achten Sie auf die Sitzordnung, die überschlagenen Beine und die Richtung, in die die Beine zeigen. Sitzt eine bestimmte Person nur auf der Stuhlkante? Oder klammert sich jemand an der Stuhllehne fest?

Doch bevor Sie sich zu sehr in Details verlieren, denken Sie immer wieder an einen Aspekt: »Ist dieses Verhalten ein Zeichen von *Wohlbefinden oder Unbehagen?*« Sie werden durch diese kleine Vorab-Kategorisierung später viel schneller genauere Details feststellen können, da Sie lernen werden, dass Gefühle des Unbehagens viele weitere bestimmte Reaktionen und Veränderungen im Bereich der Körpersprache hervorrufen. Umgekehrt zeigen Menschen, die sich wohlfühlen, viele Bewegungen und

Verhaltensweisen, die sich dem des Wohlbefindens zuordnen lassen.

Freitag: Haltung, Stehen, Gehen und Sitzen

Bringen Sie alle vorangegangenen Positionen und Stellungen zusammen. Für diesen Tag sollten Sie sich eine einzelne Person (z.B. einen Kollegen oder eine Kollegin) aussuchen, die Sie den gesamten Tag über ganz genau beobachten. Sie schauen sie sich an, wenn sie steht. Sie blicken auf sie, wenn sie sich unbeobachtet fühlt. Und Sie prüfen genau, wie ihr Sitzverhalten ist, wenn sie z.B. alleine im Büro arbeitet oder wenn sie in einem Meeting ist.

Sie achten zudem explizit auf eine Einstufung in Wohlbefinden und Unbehagen und vergleichen diese mit allen Positionen. Zeigt die beobachtete Person beispielsweise ein Anzeichen von Wohlbefinden, wenn sie alleine im Büro sitzt, während sie im Meeting Zeichen des Unbehagens an den Tag legt? Oder: Fühlt sie sich wohl in der Kaffeepause neben dem Chef, aber unwohl, wenn sie sich mit seiner Sekretärin unterhält? Und dann achten Sie bei Gelegenheit auf weitere Details, die die beobachtete Person Ihnen unvermeidlich verrät. Hier werden Ihnen die Erfahrung und die Kriterien zugutekommen, die Sie die Woche über bereits gemacht und geprüft haben.
Die andere Möglichkeit ist, viele verschiedene Menschen in all diesen Positionen zu beobachten, um ein möglichst großes Spektrum an Erfahrungen zu gewinnen. Wenn Ihnen keiner der Wochentage dafür geeignet erscheint,

dann machen Sie sich am Wochenende auf und besuchen Sie Freunde, gehen Sie in die Stadt oder suchen Sie sich einen anderen öffentlichen Ort aus (keine Angst: die beobachteten Personen werden Sie meist nicht darauf ansprechen, weshalb Sie denn so starren oder ob es Ihnen nicht gut geht). Verschiedene Orte offenbaren Ihnen unterschiedliche Menschen. Um mehr zu lernen, empfehle ich daher, auch ruhig einmal die Ortschaften zu wechseln, in denen Sie Ihre Fähigkeiten praktizieren.

Ein kleiner Tipp von mir am Rande: Wie Sie selbst bereits wissen, blicken wir anders, wenn wir uns konzentrieren und auf eine Sache fixieren. Die Pupillen verändern sich, die Atmung wird anders, die Frequenz unseres Blinzelns ändert sich. Auch wenn Ihre Freunde keine Körpersprache-Profis sind, werden sie intuitiv spüren, dass Sie sich anders verhalten als sonst. Achten Sie also etwas darauf, nicht zu auffällig zu schauen. Das könnte Ihre Freunde irritieren und schlimmstenfalls zu Streitereien führen. Es geht prima auch mit einem dezenten, wie zufälligen Blick, regelmäßigem Blinzeln und gelegentlichem Blickwechsel.

Die erste Woche ist nun beendet und ich möchte Sie gerne nach Ihrem Wohlbefinden befragen. Wie fühlen Sie sich beim Schulen der »nonverbalen Fähigkeiten«? Fällt es Ihnen leicht oder haben Sie hin und wieder Schwierigkeiten, etwas zu entdecken? Aus Erfahrung kann ich sagen, es braucht Zeit und Geduld, um diese Fähigkeiten richtig auszubilden. Sie werden zwar auch schnell Erfolge erzielen, doch bis das Erlernte in Fleisch und Blut übergegangen ist, kann es ein wenig dauern. Deshalb möchte ich Sie ermuntern, einfach immer weiter zu machen und spielerisch neue Aspekte zu entdecken. Diese entfachen häufig ein kleines Feuerwerk der Freude, das es Ihnen leichter macht, neugierig und wissensdurstig zu bleiben. Lassen Sie uns weiter den Weg zum angehenden Meister des »Menschen-Lesens« beschreiten. Wir sehen uns in Woche 2!

Woche 2

Montag: Beine

In Woche 2 startet nun das Training für alle einzelnen Körperpartien. Diese Woche wird Ihre Wahrnehmung deutlich verbessern und schulen. Wir beginnen die Trainingswoche mit dem Blick auf die Beinhaltung. Achten Sie an diesem Tag lediglich auf *Wohlbefinden oder Unbehagen*. Werden die Beine überschlagen oder schlingen sie sich im Sitzen um das Stuhlbein? Wippen die Beine hin und her oder ruhen sie still an einem Fleck?

Dienstag: Beine

Am Dienstag dieser Woche achten Sie erneut auf die Beine. Da Sie vom Vortag her bereits einen Erfahrungsschatz beim Einordnen in die Kategorie von Wohlbefinden und Unbehagen gesammelt haben, bauen Sie diesen aus, indem Sie sich die Nuancen der Beinbewegungen ansehen. Blicken Sie über den Tellerrand von Wohlgefühl und Unwohlsein hinaus und achten Sie auf die kleinen und unscheinbaren Bewegungen. Beobachten Sie so feine Nuancen wie den Muskeltonus, kurze Bewegungen, Zuckungen etc. Sind die Beinmuskeln angespannt oder entspannt? Je öfter und genauer Sie Menschen beobachten, desto feiner werden Ihre Wahrnehmung und Ihr Gespür.

Mittwoch: Füße

Häufig verraten unsere Füße viel mehr, als uns lieb ist, und doch werden Sie so selten als Signalgeber genutzt, um Menschen besser zu verstehen. Nutzen Sie die Tatsache für sich, denn die wenigsten Menschen achten darauf, was ihre Füße verraten. Wir sind zwar konditioniert worden, unsere Mimik zu steuern, doch unsere Füße haben wir nicht zu kontrollieren gelernt und gerade diese sind oft das Ablassventil in stressigen Situationen. »Unter dem Tisch bemerkt es ja keiner«, mögen wir denken.

Beginnen Sie, wie schon bei den Beinen, das Verhalten und die Bewegungen der Füße grob in die Ausdrucksweisen von Wohlbefinden und Unbehagen einzuordnen. Wenn Sie das oft und mit Präzision durchexerzieren, werden Ihnen schon bald alle beliebten Muster der Fußbewegungen bekannt sein und Sie werden unterbewusst und ohne Anstrengung die dadurch ausgedrückten Gefühle und Absichten erkennen.

Donnerstag: Füße

Füße – Runde zwei! Wie haben Sie sich am Mittwoch beim Beobachten der Füße gefühlt? Komisch? Gut! Denn auch ich dachte damals, als ich mich darin geübt habe, wie bescheuert das wohl aussehen mag, wenn mich jetzt jemand so sieht, wie ich anderen gerade auf die Füße starre. Zum Glück konnte ich mich schnell beschwichtigen, indem ich mir klarmachte, dass ich etwas höchst Professionelles, etwas Wissenschaftliches im Dienst der Menschheit studierte.

Achten Sie an diesem Tag bitte auf die Feinheiten. Niemand wird Sie als Fußfetischist abstempeln, glauben Sie mir. Die Arbeit an den Füßen ist es wert. Sie verraten einfach zu viel, als dass wir uns das als angehender Menschenversteher entgehen lassen könnten. Können Sie »Happy Feet« beobachten? Kippen die Außenränder der Füße fest in den Boden? Oder krallen sich die Zehen womöglich in den Boden?

Freitag: Beine und Füße

Nutzen Sie den letzten Tag in der Arbeitswoche, um Beine und Füße zusammen zu betrachten. Sie werden feststellen, dass diese Körperteile separat nur selten benutzt werden und erst gemeinsam ein schlüssiges Bild von sich geben. „Weshalb sollte ich dann die Beine erst separat betrachten?", fragen Sie vielleicht. Diese Herangehensweise dient lediglich der feinen Entwicklung Ihrer Expertise. Je feiner Sie Körperteile betrachten, je genauer Sie hinsehen, desto geschulter wird Ihr Blick. Was Ihnen möglicherweise beim Betrachten der gesamten unteren Extremitäten, ohne zuvor Beine und Füße getrennt beobachtet zu haben, entgangen wäre, fällt Ihnen nun deutlicher auf und lässt schlussendlich eine exakte Einschätzung zu.

Woche 3:

Sie haben bereits zwei volle Wochen Trainingspensum hinter sich und ich möchte Ihnen an dieser Stelle ein großes Lob aussprechen! Wenn Sie nach wie vor am Ball sind, können sich Ihre Fähigkeiten bereits sehen lassen und Sie werden schon mehr Details bewusst wahrnehmen, als dies dem Großteil Ihrer Mitmenschen möglich ist. Doch wie bei jedem Kunstwerk verhält es sich auch bei der Kunst des Menschen-Lesens: Erst wenn ein Gemälde fertig gemalt ist, erscheint es in seiner vollen Pracht. Fehlen noch einige Pinselstriche, so wirkt auch das Bild irritierend. Lassen Sie uns also weitere Pinselstriche an unserem Kunstwerk anbringen.

Montag: Rumpf
Starten wir in die Woche mit dem Zentrum der Lebensenergie. Der Rumpf ist eng mit den Emotionen und der Lebensenergie verbunden und weist uns durch seine vielen Ausdrucksmöglichkeiten auf Wohlbefinden und Unbehagen hin. In manchen Situationen ist es kein Leichtes, diesen Teil des Körpers zu betrachten.

Falls Sie gerade im Winterurlaub auf der Skipiste sind, kann ich Ihnen versprechen: Das wird ein schweres Unterfangen, den Rumpf unabhängig vom Rest des Körpers zu analysieren. Je wärmer das Wetter und je weniger Kleidung, desto leichter fällt das Mustern. (Sie brauchen für diesen Abschnitt aber auch nicht in den nächstliegenden Saunaclub fahren.) Teilen Sie zu Beginn erneut die Haltung und die Bewegung des Rumpfes in Unbehagen oder Wohlbefinden ein. Nutzen Sie auch die Beobachtung der Atmung und deren Frequenz, um Schlüsse bezüglich Ihres Eindrucks zu ziehen.

Dienstag: Rumpf

Heute lassen wir die groben Einteilungen beiseite, denn da durften Sie sich gestern ausgiebig austoben. Schauen Sie als Nächstes auf die spezifischen Nuancen des Rumpfes, die andere Ihnen verraten. Schauen Sie sich den Rumpf der beobachteten Person in Gesprächen, in Pausen, in Ruhezeiten, in Stresssituationen und zu allen anderen möglichen Zeitpunkten an. Fühlen Sie quasi mit jeder Faser hinein. Schauen Sie exakt hin. Was verrät Ihnen die Rumpfhaltung? Wie ist die Atemfrequenz der betroffenen Person? Was sagt der Muskeltonus in Bauch und Brust über sie aus?

Mittwoch: Hals

Der Hals steht in direkter Verbindung mit den Schultern und dem Kopf und wir beziehen für diesen »Trainingstag« die umliegenden Körperteile mit ein. Der Hals selbst weist wenige Indizien auf, deshalb betrachten wir hier die Kombination der umgebenden Körperteile. Teilen Sie alles, was Sie beobachten können, wieder in die bekannten Sparten Wohlbefinden oder Unbehagen ein. Lassen Sie sich von der scheinbaren Einfachheit nicht täuschen. Bleiben Sie so offen und voller Staunen wie ein kleines Kind beim Erkunden der Welt.

Donnerstag: Hals

Im zweiten Teil bezüglich der Beobachtung des Halses möchte ich Sie dazu aufrufen, alle Details, die Ihnen auffallen, geistig zu notieren. Es gibt hier ebenfalls einige feine Unterschiede und Ausprägungen, die es abzuschätzen gilt. Untersuchen Sie akribisch die Unterschiede zwischen verschiedenen Personen sowie die Abweichungen bei einer Person in unterschiedlichen Situationen. Wie offen gibt er/sie seine/ihre Kehle preis? Wie tief ist sein/ihr Kinn zur Brust gezogen und was sagt mir das? Neigt jemand seinen Kopf auffällig zur Seite? Viel Spaß heute beim Beobachten!

Freitag: Rumpf und Hals

Fangen Sie an, das Zusammenspiel von Rumpf und Hals, Nacken und Schultern zu erkennen und in eine der beiden Rubriken *Wohlbefinden oder Unwohlsein* einzuordnen. Dann betrachten Sie die einzelnen Aspekte mit mikroskopischer Genauigkeit.

Begeben Sie sich ruhig dazu in eine Gesprächssituation und schaffen Sie eine Atmosphäre des Wohlgefühls. Beobachten Sie, was Sie erkennen, wenn Ihr Gegenüber entspannt ist. Schneiden Sie ein neues Thema an, vielleicht Politik oder etwas Emotionales, und schauen Sie wieder ganz exakt hin, was sich bei Ihrem Gesprächspartner dieses Mal zeigt. Sie werden feststellen, dass Menschen in unterschiedlichen inneren Verfassungen jeweils andere nonverbale Zeichen von sich geben. Sie selbst folgen diesem Wechsel unauffällig und steuern immer neue Themen und Situationen an, um so viel zu lernen wie möglich. Falls Sie dabei mit Ihren Füßen glücklich wippen, weil es Ihnen nicht nur gelingt, bestimmte nonverbale Indikatoren zu erkennen, sondern inzwischen auch Menschen in unterschiedliche Gefühlslagen zu versetzen, dann möchte ich Ihnen diese Freude nicht vorenthalten. Sie haben sie sich durch Ihre Disziplin und Ihren Ehrgeiz mehr als verdient.

Woche 4

Montag: Arme

Falls Sie in Deutschland leben, dann schärfen Sie Ihren Blick und geben Sie Ihr Bestes beim Beobachten, denn die Leute geben hierzulande erfahrungsgemäß wenig preis. Vorherrschend ist hier die dezente Zurückhaltung, nicht nur der Bewegungen, sondern auch der damit einhergehenden Emotionen.

Deutschland ist international nicht als Land der »Lebemenschen« bekannt, sondern für seine Disziplin, den Eifer und die Arbeitsmoral. Leben Sie in südlicheren Gegenden oder beobachten Sie südländische Menschen, wird Ihnen ein anderes Bild auffallen (solange diese Menschen nicht in Deutschland aufgewachsen sind). Krempeln wir also die Ärmel hoch und starten wir voller Vorfreude in Woche 4. Richten Sie Ihren Fokus auf die Arme und achten Sie in der ersten Hälfte des Tages auf eine Aufteilung in Wohlgefühl und Unwohlsein. In der zweiten Hälfte des Tages dürfen Sie bereits mit dem genauen Analysieren der Signale beginnen.

Weshalb alles innerhalb eines Tages? Sie werden bemerken, dass die Anzahl und Variation der diesbezüglichen Bewegungen sehr überschaubar ist, weswegen ich Ihnen zutraue, dass Sie beides hervorragend innerhalb eines Tages meistern werden. Außer der Betrachtung der Armhaltung und -Bewegung empfehle ich zudem, sich das Zusammenspiel mit dem Rumpf anzuschauen. Arme und Rumpf hängen eng miteinander zusammen und Sie werden feststellen, dass Sie beim genauen Hinsehen immer mehr Details erkennen. Versuchen Sie, zunehmend die *Gefühle* Ihres Gegenübers oder der Person, die Sie betrachten, zu ergründen. Das kann sehr herausfordernd sein und doch besitzen wir Spiegelneuronen, die es ermöglichen, die jeweiligen Personen zu durchschauen und die gleichen Gefühle zu erspüren, die auch sie erleben. Diese Neuronen ermöglichen uns erst, wahres Mitgefühl und Empathie für andere zu empfinden. Nutzen Sie diese natürliche Anlage auch für Ihr Training.

Weitere Details, die Sie sich unbedingt anschauen sollten: der Abstand von den Armen zum Körper sowie die Stellung der Schultern. (nach vorne zusammengezogen oder nach hinten geöffnet). Ebenfalls wichtig: Befinden sich die Arme tendenziell weiter vorne oder sind sie eher zurückgezogen? Achten Sie außerdem auf den Muskeltonus der Arme und deren Schwung beim Gehen.

Dienstag: Hände
Um wirklich zu »begreifen«, was die Hände alles signalisieren, fangen Sie damit an, die Körpersprache der verräterischen Hände zuerst in die Sparten Wohlgefühl und Unwohlsein einzuordnen. Suchen Sie verschiedene Orte auf, an denen Sie Menschen oder besser gesagt deren Hände betrachten können. Richten Sie Ihren Fokus ganz scharf auf die Hände und achten Sie bei den beobachteten

Personen auf Veränderungen, Wechsel der Positionen, Drehen der Handflächen, Anspannung und Entspannung der Muskulatur sowie das Verbergen und Präsentieren der Hände.

Mittwoch: Hände und Finger

Die Hände selbst verfügen ohne die Finger nur über wenige Ausdrucksmöglichkeiten, die eine genaue Beurteilung zulassen. Aus diesem Grund schlage ich an diesem Tag vor, beides gemeinsam zu betrachten. Sie können sich zum Aufwärmen ein paar Stunden mit Händen und Fingern gemeinsam beschäftigen, indem Sie bei den beobachteten Personen zuerst Wohlgefühl und Unbehagen einstufen und anschließend ins Detail gehen. Gehen Sie am besten nochmals vorher die Liste mit den Handhaltungen, Stellungen und möglichen Bewegungen durch, um eine genauere Überprüfung durchzuführen. Vieles, das anfangs nicht immer und immer wieder ins Gedächtnis gerufen wird, verschwindet unweigerlich mit der Zeit.

Donnerstag: Finger

Mögen auch die Bewegungen, die die Finger ausführen, noch so subtil sein, so würde ich mir doch wünschen, dass Sie dieses winzige Detail im Deuten von Körpersprache nicht ausfallen lassen. Indem Sie sich verstärkt auf diesen kleinen Aspekt konzentrieren, werden Ihre Wahrnehmung und Ihre Expertise um wichtige Kernpunkte in der Analyse ergänzt.

Als ich damit begann, speziell die Finger zu beobachten, hatte ich keine Ahnung, was mir das offenbaren würde. Ich dachte jedoch auch nie daran, dass Menschen so viel durch ihre Finger preisgeben. Vieles davon ist mir vorher nie aufgefallen. Manches habe ich gesehen, doch konnte ich es nicht einordnen.

Als ich meinen damaligen Chef in Gesprächen, bei Reden oder Ähnlichem gesehen habe, merkte ich, dass er seine Hände souverän vor dem Körper zusammenhielt. Doch als ich anfing, all das zu studieren, was ich Sie zu lehren versuche, fiel mir auf, dass er dabei ganz unmerklich, gewisse Finger berührte, daran zog, rieb und an ihnen entlangfuhr. Erst als ich diese Details wahrnahm, konnte ich einen Zugang sowohl zu seiner Körpersprache (die sonst sehr kontrolliert und beherrscht war) als auch zu ihm persönlich finden. Also schauen Sie sich die Bedeutung der einzelnen Finger nochmals an und gehen Sie direkt ins Detail.

Freitag: Arme, Hände, Finger

Werfen Sie sich in Schale, während Sie andere gedanklich wie eine Zwiebel Schicht um Schicht schälen. Schauen Sie durch die Kleidung der Menschen hindurch und setzen Sie an diesem Tag alles Gelernte über die Arme, Hände und Finger um. Hören Sie nicht auf, hungrig zu bleiben, und geben Sie sich nicht mit den bereits bekannten Signalen und Zeichen zufrieden, die Sie bereits erkennen oder gelernt haben.

Machen Sie sich klar, dass wir alle individuell sind, sowohl in unserem Kern als auch in unserem nonverbalen Verhalten. Natürlich gibt es keine Milliarden komplett verschiedener Körpersprachen oder nonverbaler Signale. Doch die *Ausprägung und Individuation*, die Sie sehen und erleben, ist nahezu unendlich. Je mehr Sie also üben und lernen, desto geschulter wird Ihr Blick und desto mehr kommen Sie Ihrem Wunsch, Menschen wirklich lesen zu können, nahe.

Woche 5

Der Kopf ist der Körperteil, den wir gewohnt sind anzusehen und der mehr als genug Indizien und Hinweise bietet, um zu erkennen, wie sich unser Gegenüber fühlt. Es ist jedoch auch der meist geschulte Körperteil, den wir zu kontrollieren gelernt haben.

Es gibt in diesem Bereich den Begriff der »Mikromimik«. Hier geht es um winzige Bewegungen, die für den Bruchteil einer Sekunde auftauchen und die meist nur durch geschulte Blicke erkannt werden. Doch allein dieses Thema würde schon ein ganzes Buch mit Inhalten füllen. Deshalb möchte ich gerne bei Interesse für diesen Bereich auf andere Bücher verweisen. Aber auch so durchschauen wir durch geschulte Blicke viele mimische Bewegungen unseres Gegenübers in Bezug auf dessen Emotionen, besonders in Stresssituationen. Ich möchte diese Trainingswoche gerne im Detail beginnen und zum Ende hin allumfassend werden.

Montag: Augen
Starten wir mit etwas, das wir ohnehin ständig tun. Wir alle blicken Menschen gern in die Augen. Ganz egal, ob wir uns mit ihnen unterhalten oder ob es nur ein flüchtiger Blick im Vorbeigehen ist. Achten Sie an diesem Tag vor allem auf eine grobe Aufteilung in zwei Kategorien. In welche Kategorien? Richtig, Sie kennen das bereits: in Wohlbefinden und Unwohlsein. Ziehen Sie beim

Beobachten der Augen auch die umgebenden Muskeln in Betracht. Achten Sie zudem auf die Häufigkeit des Blinzelns sowie auf die Größe der Pupillen.

Dienstag: Augen

Raus aus dem einengenden Schema von Wohlbefinden und Unbehagen, rein ins Vergnügen des Deutens von Signalen, Details und Gefühlsregungen! Wie Sie bereits wissen, sind Gefühlsregungen eng an die Körpersprache gekoppelt. Es ist z. B. völlig natürlich, dass sich die Augen verändern, wenn jemand glücklich ist. Genauso ist es möglich und sogar wahrscheinlich, dass Sie sofort erkennen, wenn jemand traurig ist. Ist die betreffende Person zutiefst traurig, erscheinen ihre Augen gläsern und werden zunehmend feucht, um beim Zulassen der Gefühle Tränen vergießen zu können.

Mittwoch: Lippen

»Rote Lippen soll man küssen, doch will man das nicht immer müssen.« Ich schlage dennoch vor, dass Sie bei verführerischen Angeboten (Lippen) nicht Nein sagen, auch wenn Sie sich gerade ganz sachlich auf die mimischen Signale dieser Lippen konzentrieren. Ein bisschen Küssen während des Lernprozesses schadet nicht. Ganz im Gegenteil! Ich kann Sie nur ermuntern, sich möglichst viele schöne Lippen zu suchen, die Sie küssen wollen, denn aus der Sicht des Lernens birgt dies ein großes Potenzial. Natürlich geht es hier in erster Linie um die nonverbalen Signale Ihres Partners oder Ihrer Partnerin, denen Sie auf die Schliche kommen wollen.

Okay, Spaß beiseite! Legen wir los. Lippen, Zunge und Mund sollten gemeinsam betrachtet werden. Beobachten Sie Menschen, die sich scheinbar wohlfühlen, und sehen Sie sich deren Mund an. Machen Sie das Gleiche mit Menschen, die sich unwohl fühlen oder einen gestressten und traurigen Eindruck machen. Auf diese Weise lernen Sie nicht nur, gewisse Mundwinkelstellungen mit Wohlbefinden oder Unwohlsein zu verknüpfen, sondern erschließen sich auch das gesamte Spektrum der Emotionen und Gefühle, die damit einhergehen.

Donnerstag: Mundregion

Ihr Auftrag für diesen Donnerstag besteht darin, die Mundregion samt Lippen, Zunge und Zähnen zu inspizieren. Während Sie Ihre Forschungsarbeiten durchführen, sollten Sie sich in Acht nehmen. Ein Blick auf die Lippen ist in der Kunst der Verführung ein bekanntes Signal für: »Ich will dich küssen!« Wenn sich jemand mit diesem Thema vertraut gemacht hat und mutig ist, kann es Ihnen in einer entspannten und gefühlsbetonten Konversation passieren, dass Sie von Ihrem Gegenüber unverhofft geküsst werden. Mit diesem Schicksal leben wir gerne, solange wir uns vorher die Personen, die wir erforschen wollen, unter diesem Aspekt auch gründlich genug ausgesucht haben. Gehen Sie vor dem Training nochmals alle beschriebenen Anzeichen und Ausdrucksmöglichkeiten aus dem Kapitel „Mund" durch, um ein möglichst großes Repertoire an Signalen parat zu haben.

Freitag: Kopf, Augen, Lippen

Und wieder einmal verbinden wir am Freitag alle wesentlichen betrachteten Körperteile einer Woche zu einem Ganzen. Schauen Sie sich also nicht nur die Augen und die Mundregion an, sondern prüfen Sie kritisch den gesamten Kopfbereich. Beziehen Sie in die Analyse auch die Stirnfalten mit ein, die wir nicht explizit beschrieben haben.

Teilen Sie einfach die mimischen Regungen als Erstes in Wohlbefinden oder Unwohlsein ein. In den nächsten Schritten lernen Sie, die Stirnfalten zu lesen. Beobachten Sie dabei die offenbarten Gefühle und weitere Zeichen und bringen Sie sie in eine Verbindung mit dem Rest des Körpers. Gehen Sie in diesem Bereich wie ein Detektiv vor. Mir ist die Herausforderung durchaus bewusst, die das Lesen eines Gesichtsausdrucks beinhaltet.

Die Tatsache, dass Sie es *einmal* erlernen, Menschen zu lesen, um das dann für den Rest Ihres Lebens parat zu haben, ist Ihnen die Mühe hoffentlich wert. Bedenken Sie dabei: Sie werden den meisten Menschen, denen Sie begegnen, ins Gesicht blicken. Um wie viel sicherer, ruhiger, bedachter und souveräner werden Sie sich fühlen, wenn Sie wissen, was Ihr Gegenüber bewegt und denkt?

Woche 6

Willkommen in der finalen Woche! Ich möchte, dass Sie in dieser Woche alles, was Sie bisher gelernt haben, in Ihre Beobachtungen mit einbinden. Wen Sie Ihre Hausaufgaben bis hierher gemacht haben, dann besteht eine gute Chance, dass Sie in dieser Woche mehr Spaß als Mühe haben werden.

Nach fünf Wochen Training fühlen sich die meisten Schüler schon als kleine Meister im Menschen-Lesen und -Verstehen. Das Finale dient zum einen dazu, die einzelnen Segmente in ein großes Ganzes zu packen und dennoch feine Nuancen zu definieren, und zum anderen dazu, weitere nonverbale Kommunikations-mittel über die Körpersprache hinaus zu erlernen.

Spätestens an dieser Stelle wird sich die Arbeit, Ihre Fortschritte aufgeschrieben zu haben, auszahlen. Denn durch das Niederschreiben einzelner Aspekte, die Ihnen auffielen, und der »Learnings«, die Sie verinnerlicht haben, besitzen Sie ein durchaus größeres Repertoire als in dem Fall, in dem Sie sich alles nur im Kopf gemerkt haben. Ich freue mich darauf, in die finale Woche zu starten und Sie ins Ziel zu begleiten.

Montag bis Mittwoch: Gesamter Körper in allen Positionen

Starten Sie die Woche, indem Sie alle Körperteile und die unterschiedlichen Positionen, in denen sich der Körper befinden kann, betrachten und beurteilen. Bleiben Sie dabei sachlich, und denken Sie an Folgendes: »*Be*-urteilen« nicht »*ver*-urteilen«. Registrieren Sie einfach bewertungsfrei, was Sie sehen, und achten Sie aufmerksam auf Verhaltensweisen der beobachteten Person im Stehen, Gehen und Sitzen sowie auf alle ihre Körperteile in den jeweiligen Positionen.

Aufgrund Ihrer Erfahrungen in den letzten Wochen wird es Ihnen immer leichter fallen, durch messerscharfe Aufmerksamkeit mehrere nonverbale Hinweise in kurzer Zeit wahrzunehmen. Fassen Sie einfach alles Gelernte zusammen und gehen Sie nochmals den gesamten »körperlichen Tempel« und seine einzelnen »Säle« durch. Durch diese Arbeit gewinnen Sie wertvolle Routine.

Donnerstag bis Sonntag: Das ganze Spektrum nonverbaler Kommunikation

Im zweiten Schritt möchte ich, dass Sie die anfangs im Buch beschriebenen Aspekte nonverbaler Kommunikation mit in Ihre Beobachtung und Analyse einbinden. Was meine ich damit? Gehen Sie in eine Meta-Ebene und schauen Sie sich alles aus einer gewissen Distanz an. Damit ist nicht die örtliche Distanz oder

Entfernung gemeint. Wenn Sie viele Aspekte zusammenbringen wollen, ist es von Nachteil, wenn Sie sich auf einen Aspekt, wie z. B. die Körpersprache, fixieren. Nehmen Sie deshalb Ihren Blick etwas zurück und betrachten Sie das ganze Bild, das sich darstellt. Für diese Tage der Woche stelle ich Ihnen die Aufgabe, die Aspekte *»äußeres Erscheinungsbild, Einstellung, Orte, Gefühle und Emotionen, Verhalten sowie individueller Charakter und Sprache«* näher anzusehen.

All diese Gesichtspunkte besitzen jeweils für sich genommen schon eine Aussagekraft, die einen Menschen sehr treffend beschreiben kann, selbst wenn die gesamte Körpersprache überhaupt nicht aufgeschlüsselt werden würde. Deshalb sollten Sie lernen, darauf zu schauen, wie das *äußere Erscheinungsbild* aussieht.

Sehen Sie sich genau die *Orte* an, an denen sich Menschen befinden. Andere Orte – andere Menschen – andere Einstellungen – andere Werte. Wir können dieses Spiel seitenlang fortführen. Warum also nicht sich selbst einmal kritisch unter die Lupe nehmen? Sie werden durch diese kritischen Fragen sich selbst ein ganzes Stück besser kennen lernen.

Wo verbringen Sie gerne Ihre Freizeit? Welchen Eindruck oder welche Hinweise vermitteln Sie damit Ihrer Umwelt? Was sagt Ihr *Verhalten* über Sie aus? Merkt es überhaupt jemand, wenn Sie sich eine kleine Raucherpause zwischendurch gönnen? Und was sagt das Rauchen über Sie aus? Werden Sie kritisch und nehmen Sie sich alle noch so natürlichen und gewohnten Verhaltensweisen vor. Wenn Sie sich Ihr Leben einmal kritisch anschauen, lernen Sie sich in dieser einen Woche besser kennen als in den ganzen Jahren zuvor. Sind Sie mit der Woche fertig? Was nun, fragen Sie jetzt vielleicht?

Abschließend möchte ich Ihnen zu Ihrem Erfolg und Ihrem Durchhaltevermögen gratulieren! Es ist schön zu sehen, dass Menschen immer wieder fähig sind, sich tatsächlich zu verändern. Sie haben Ihrem Wunsch eine ehrliche Chance gegeben, sich durch Ihr aktives Zutun selbst zu verwirklichen. Wenn Sie fleißig waren und Ihren Trainingsplan bis hierher abgeschlossen haben, sind Sie Ihrem Wunsch und Verlangen, Menschen lesen zu können, wahrscheinlich nähergekommen als je zuvor. Wenn ich Sie persönlich über einen Zeitraum von sechs Wochen gecoacht hätte, würden Sie von mir vermutlich anschließend eine Medaille für Ihr außerordentliches Engagement überreicht bekommen. Ich hoffe, Sie haben sich selbst mit diesem Training bewiesen, dass die Fähigkeit, *Menschen zu lesen*, erlernbar ist und eine Menge Erkenntnisse und Spaß mit sich bringen kann.

Wie können Sie also nun weitermachen? Sie haben verschiedene Möglichkeiten! Je nachdem, wie sicher und routiniert Sie sich fühlen, können Sie Ihr erlerntes Wissen nun der richtigen Praxis unterziehen, indem Sie in beruflichen wie persönlichen Kontakten Ihre Gaben einsetzen. Sie werden neben *weiteren Erkenntnissen beim Ausüben* und Analysieren diese Gabe – so hoffe ich – nutzen, um vor allem Wohlbefinden in den Menschen und bei Gesprächen zu erzeugen. Dabei werden Sie die Qualität Ihrer Kommunikation erheblich verbessern und Sie werden ganz sicher auch von anderen Menschen anders wahrgenommen werden.

Sie können nun auch den Trainingsplan erneut durchgehen und besonders in den Bereichen, in denen Ihnen bisher weniger Zeichen und Signale aufgefallen sind, ganz explizit hinsehen und weitere Auffälligkeiten untersuchen. Häufig vernachlässigt werden Aspekte wie zum Beispiel *die Atmung*. Hier könnten Sie nun ein paar mehr Tage verwenden, um ein Gespür für die Aussagekraft der Atemweise zu bekommen. Ihnen steht auch die Möglichkeit offen, die angesprochene *Mikromimik* zu erlernen, um wirklich ein Experte in der *Gesichtserkennung* zu werden. Des Weiteren können Sie einen solchen Trainingsplan wie den vorliegenden mit dem Schwerpunkt auf einem der anderen fünf bis sechs Teilaspekte nonverbaler Kommunikation erstellen. Entwickeln Sie sich zum Beispiel einen »4-wöchigen Kurs zum Thema Sprache«. Erkunden Sie in diesen vier Wochen alle Aspekte und Qualitäten der Sprache und ordnen Sie sie in Wohlbefinden und Unwohlsein ein. Ganz wichtig bei all dem ist immer die Beachtung des neutralen Zustandes. Erst ein Abweichen davon macht ein Verhalten, eine Stimme oder anderes verdächtig.

Was ich empfehlen würde, wäre, eine kleine Pause einzulegen, sich mit Freunden zu unterhalten statt sie zu erforschen und einen guten Wein zu genießen. Lassen Sie die Informationen einen Moment sacken und genießen Sie zwischendurch das Leben. So faszinierend das Lesen von Menschen auch ist, möchte ich doch nicht schuld daran sein, dass Sie Menschen nur noch wie Maschinen analysieren. Haben Sie Freude im Umgang mit anderen und lassen Sie sich dabei vor allem von Ihrem Gefühl leiten.

Schlusswort

Abschließend möchte ich Ihnen meinen aufrichtigen Dank aussprechen! Sie haben mir das »Wertvollste« geschenkt, das man einem Menschen schenken kann: Ihre Zeit! Diese Zeit, die Sie aufgewendet haben, dieses Buch zu lesen, haben Sie im besten Falle jedoch sich selbst geschenkt – Ihnen und Ihrer persönlichen Weiterentwicklung. Ich bin überzeugt, dass Menschen mit dem Drang, stets Neues zu lernen und damit nie aufzuhören, Großes im Leben erreichen werden. Sie sind einer dieser Menschen und ich wünsche Ihnen, dass Sie die Informationen, die Sie in diesem Buch vermittelt bekommen haben, nun in Ihrem Leben gewinnbringend einsetzen werden. Indem Sie diese Fähigkeiten erworben haben, setzen Sie sich von der großen Masse ab. Die korrekte Anwendung nonverbaler Kommunikation lässt Sie ganz vorne mitspielen – sei das nun beruflicher oder privater Natur. Nehmen Sie sich Zeit, die Techniken und Ratschläge in Ihr Leben zu integrieren. Fügen Sie Ihre eigenen Experimente und Erfahrungen hinzu und lassen Sie sich nie von der Überheblichkeit, bereits alles zu wissen, blenden. Seien Sie neugierig wie ein Kind und Sie werden zu ungeahnten Höhen aufsteigen. Es liegt mir viel daran, dass Sie dieses Wissen und die Erkenntnisse um die nonverbale Kommunikation mit *Herz und Verstand* gebrauchen, um Menschen zu lesen und um sie tiefgreifender zu verstehen! Denn letztlich bin ich davon überzeugt, dass Menschen, die einander verstehen, ein Band des Mitgefühls verbindet, das sich auf alle Menschen im Umkreis positiv auswirkt. Und damit würde jeder, der diese Fähigkeiten auf diese Weise gebraucht, die Welt ein Stückchen besser machen.

Vielen Dank für Ihre Zeit und Ihre Hingabe!

PS: Wenn ich Ihnen die Welt der Körpersprache und des Menschen-Lesens näherbringen konnte und Sie dabei ein paar *Aha-Momente* und *Lerneffekte* erzielt haben, dann schreiben Sie doch *ein paar Worte* als Rezension, was Ihnen am besten gefallen hat und was für Sie die wertvollsten Informationen dieses Ratgebers waren. Damit unterstützen Sie auch all jene Menschen, die sich noch in der Entscheidungsphase befinden, und können Ihnen mit Ihrer ehrlichen Meinung zu einem Entschluss verhelfen. Helfen Sie mir dabei, so vielen Menschen wie möglich die *Augen zu öffnen.*

In aufrichtiger Wertschätzung

Ihr Lucas Lambert

Notizen zum Kurs

Woche 1

_____

_____

_____

_____

_____

_____

_____

_____

_____

_____

_____

_____

_____

_____

_____

_____

Woche 2

_____

_____

_____

_____

_____

_____

_____

_____

_____

_____

_____

_____

_____

_____

_____

_____

_____

_____

Woche 3

_____

_____

_____

_____

_____

_____

_____

_____

_____

_____

_____

_____

_____

_____

_____

_____

_____

__Woche 4__

_____

_____

_____

_____

_____

_____

_____

_____

_____

_____

_____

_____

_____

_____

_____

_____

Woche 5

_____

_____

_____

_____

_____

_____

_____

_____

_____

_____

_____

_____

_____

_____

_____

_____

_____

Woche 6

_____

_____

_____

_____

_____

_____

_____

_____

_____

_____

_____

_____

_____

_____

_____

_____

_____

... Great Job!

Haftungsausschluss

Impressum

Copyright Lucas Lambert / 2. Auflage 2018
Coverfoto: depositphotos.com
Coverdesign: Andrei Matinkin
Management und Ansprechpartner: Raphael Fröschlin
Schlossstraße 11
74639 Zweiflingen

Literaturverzeichnis

- Havener, Thorsten: *Ohne Worte. Was andere über dich denken.* 3. Auflage. Reinbek bei Hamburg: Rowohlt Taschenbuch Verlag, 2014.

- Matschnig, Monika: *Körpersprache. Verräterische Gesten und wirkungsvolle Signale.* München: Gräfe und Unzer Verlag, 2007.

- McKenna, Paul: *Ich mach dich selbstbewusst. So erreichen Sie alles, was Sie wollen.* 3. Auflage. München: Wilhelm Goldmann Verlag, 2010.

- Molcho, Samy: *Körpersprache.* 20. Auflage. München: Wilhelm Goldmann Verlag, 1998.

- Navarro, Joe und Poynter, Toni Sciarra: *Menschen verstehen und lenken. Ein FBI-Agent erklärt, wie man Körpersprache für den persönlichen Erfolg nutzt.* 2. Auflage. München: mvg Verlag, 2011.